U0111556

大展好書　好書大展
品嘗好書　冠群可期

大展好書　好書大展
品嘗好書　冠群可期

武學釋典39

太極拳理法與勢法

輕敲太極門

萬周迎　著

大展出版社有限公司

掃碼加入讀者群　　作者公眾號

輕敲　　　　　　　太極門

掃碼　　　聽書　　　　　　目錄

推薦　　　閱讀

序

一　　太極　　　　　源流

二　　有拳　　名　　　太極

（一）　　　　　太極拳

之　　源流

（二）　　　　　陳式

太極拳　　　　的　　產生

和　　　　特點

⠄⠿⠄⠿⠿⠄⠿⠿⠄⠿⠿⠿⠿⠿

（三）　　　　　　太極拳

⠿⠄⠿⠿⠄⠿⠄⠿⠿⠄⠿⠿

是　　　什麼

⠄⠿⠄⠿⠿⠄⠿⠿⠄⠿⠿⠄⠿

（四）　　　　　　太極拳

⠿⠄⠿⠿⠄⠿⠄⠿

怎麼　　練

⠄⠿⠄⠿⠿⠄⠿⠄⠿⠿⠄⠿

（五）　　　　現代

⠿⠄⠿⠿⠄⠿⠄⠿⠿⠄⠿

社會　　對

⠿⠄⠿⠿⠄⠿⠄⠿⠿⠄⠿⠿⠄⠿

太極拳　　　　　的　　要求

⠿⠄⠿⠄⠿⠿⠄⠿⠿⠄⠿⠿

三、　　　　太極拳

⠿⠿⠄⠿⠄⠿⠿

經論　篇

⠄⠿⠄⠿⠿⠄⠿⠿⠄⠿⠿⠿

（一）　　　　王宗岳　　傳

⠿⠄⠿⠿⠄⠿⠿⠄⠿⠿⠄⠿

太極　　　拳譜

（二）　　　　　　陳式

太極拳　　　　　　　　　　經論

選編

《三》　　　　　　　　武禹襄

論

（四）　　　　　　　　李亦畬

論

（五）　　　　　　　　楊式

太極拳　　　　　　　　　　經論

選編

（六）　　　　　　宋書銘

傳抄　　　　　　太極

拳譜　　　選

（七）　　　　　　太極拳

相關　　　　　雜論

歌訣

四　　　　　　《黃帝

內經》　　　　人體

觀　　　　（上）

（一）　　　關於

《黃帝　　　　　內經》

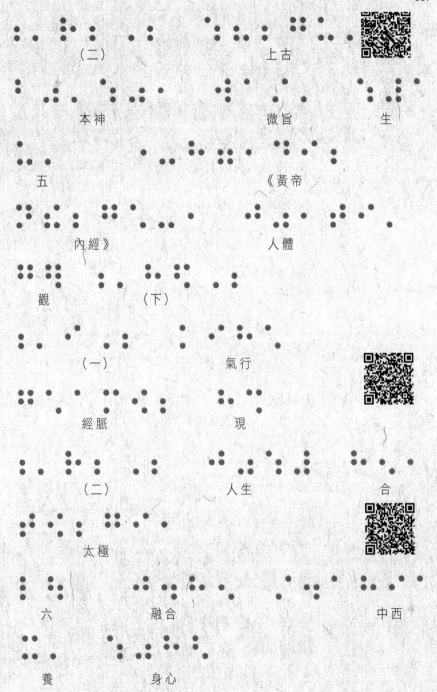

（二）　　　　　　上古

本神　　　　　微旨　　　　生

五　　　　　　　《黃帝

內經》　　　　　人體

觀　　　　（下）

（一）　　　　　氣行

經脈　　　　　　現

（二）　　　　人生　　　　　合

太極

六　　　　融合　　　　　　　中西

養　　　　身心

（二）　　　　　　　傳統

陳式　　　　　　　一路　　　拳譜

九　　　　　　　　三才　　　　篇

（一）　　　　　　　三才　　　篇

簡介

（二）　　　　　　　天清

（三）　　　　　　　地沉

（四）　　　　　　　人勻

（五）　　　　　　　還虛

（六）　　　　　　　三才

篇　　　　練法

十　　　　附錄

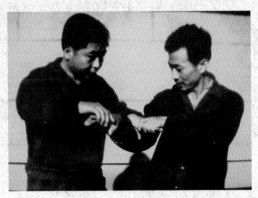

作者師爺陳式太極拳家陳照奎推手

陳式太極拳宗師陳發科

後招

玉女穿梭

指襠捶

旋風腳

作者恩師陳式太極拳家楊文笏拳照

楊文笏（前排正中）應馬虹（前排右四）邀請到石家莊授拳

萬周迎與師叔陳瑜在天壇公園

作者恩師祁家通臂拳家
張生為俠友太極書院做
通臂拳講座、展示技擊

萬周迎雲遊拜訪關中紅拳劉存和老先生

萬周迎與武術家吳斌（中）
書法家陳建海（右）

萬周迎與師爺祁家通臂拳家魏慶祥

萬周迎陪同禪宗師父聖安大師（左一）
接待來訪的泰國法師

萬周迎與著名心血管病專家胡大一

2011年5月北京市公益文化節上，
俠友心舍盲人學生演示太極拳

　　2017年重慶第十一屆中國健康服務業大會，400名健康管理專家學者齊聚，由北京俠友太極書院萬周迎現場教學，大家發揚醫者先行的理念，用心體會太極拳的一招一式，感受中國傳統儒、道哲學中的太極、陰陽辯證思想。後排左一，朱玲（北京醫院體檢中心原主任）；左二，陳剛（中國健康促進基金會副秘書長兼健康管理部主任）；左三，曾強（中華醫學會健康管理學會主任委員、解放軍總醫院健康管理研究院主任）；左四，武留信（中華醫學會健康管理學會副主任委員兼秘書長、解放軍空軍航空醫學研究所研究員）；左五，王正珍（中國健康促進基金會體醫融合應用研究與推廣專項基金管理委員會副主任委員）；左七，趙小蘭（第三軍醫大學西南醫院健康管理中心主任）

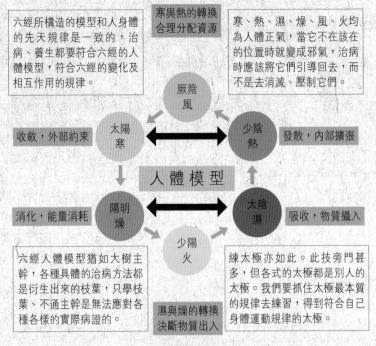

六經所構造的模型和人身體的先天規律是一致的；治病、養生都要符合六經的人體模型，符合六經的變化及相互作用的規律。

寒與熱的轉換合理分配資源

寒、熱、濕、燥、風、火均為人體正氣，當它不在該在的位置時就變成邪氣，治病時應該將它們引導回去，而不是去消滅、壓制它們。

收斂，外部約束

發散，内部擴張

厥陰
風

太陽
寒

少陰
熱

人 體 模 型

消化，能量消耗

吸收，物質攝入

陽明
燥

太陰
濕

少陽
火

六經人體模型猶如大樹主幹，各種具體的治病方法都是衍生出來的枝葉，只學枝葉、不通主幹是無法應對各種各樣的實際病證的。

濕與燥的轉換決斷物質出入

練太極亦如此。此技旁門甚多，但各式的太極都是別人的太極。我們要抓住太極最本質的規律去練習，得到符合自己身體運動規律的太極。

六經六氣人體功能關係圖

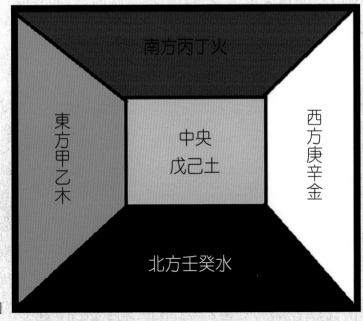

南方丙丁火

東方甲乙木

中央
戊己土

西方庚辛金

北方壬癸水

五行五色圖

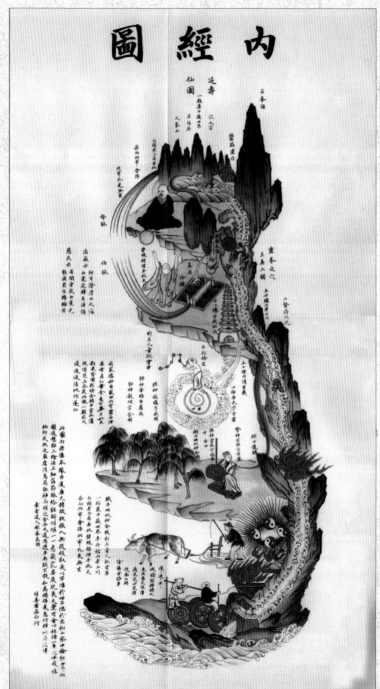

內經圖

目　錄

太極源流

有拳名太極

太極拳經論篇

《黃帝內經》人體觀（上）

《黃帝內經》人體觀（下）

融合中西養身心

輕敲太極之門（上）

輕敲太極之門（下）

三才篇

附 錄

推薦閱讀

胡 大 一

著名心血管病專家
主任醫師、教授、博士生導師
北京大學人民醫院心血管疾病研究所所長

　　運動是良醫良藥，實現體醫融合是健康中國 2030 規劃的重要內容。

　　太極拳是普及程度最高的傳統鍛鍊方法之一。本書作者用現代視野梳理太極拳與人身心健康的內在關聯，並將太極拳傳統的核心練習方法用通俗易懂的方式闡述，十分有益於太極拳在非傳染性疾病（慢病）的預防與康復中更有效地發揮其獨特作用。

曾 強

中華醫學會健康管理學分會主任委員
解放軍總醫院健康管理研究院主任

　　將傳統太極拳用現代人容易理解的方式重新闡述，並

用以身證道的實踐方法，改善人們的身心健康。本書為架起一座傳統經典與現代科學之間的橋樑作出了有益的嘗試。

翟 越

《武魂太極》雜誌主編

2018年中國太極好少年大賽閉幕式上，我邀請萬周迎老師率6位視障兒童表演了「非視覺太極」，震撼全場，也得到新聞媒體的關注。

萬老師又推新作《輕敲太極門》，讀罷使我想到了宋儒學家張載著名的「橫渠四句」：為天地立心，為生民立命，為往聖繼絕學，為萬世開太平。這是教育的最高境界，也是萬老師全身心在踐行的事業。他文武雙修，學通中西，以深厚的學識和功力將太極拳從神秘、複雜，「化」為簡單、易懂，為太極拳愛好者打開了一道門。

進得此門，風光無限，願諸位得之。

徐峻華

奧美健康董事長
《運動處方》作者，運動是良醫的傳道者

我與萬周迎老師相識以來，被萬老師執著於太極拳研究和傳播的發心而感動，隨後與萬老師一起探討如何將太極拳融入「運動是良醫」的項目中，從而對太極拳有了進一步的認知。

太極拳作為國粹，不僅僅是一項運動那麼簡單。《輕敲太極門》這本書有點簡史的味道，帶領我們回到歷史的長河，重新經歷一遍太極文化和傳承的心靈之旅。太極拳詮釋了大小宇宙的平衡之道，給予我們在身心兩個維度的洗練，只有那些身體力行的俠者才能更好地理解和踐行。作為一個致力於運動健康理念推廣近20年的人，我希望能和大家一起輕敲太極門，傳遞善良之願！

陳連勇

北京市昌平區沙河醫院院長、世界中醫骨傷科聯合會會員
北京陳照奎太極拳研究會會員
中國武術協會會員、武術五段

陳式太極拳不僅具有強大的技擊功能，而且還具有獨特的養生健身價值。習練陳式太極拳，能夠促使人體內外平衡，有效緩解焦慮抑鬱；其特有的「纏絲勁」練法，可以疏通人體經絡；虛實轉換以腰為軸，可以起到強腰固腎的作用；一動無有不動，節節貫串的運動方式，可使臟腑組織、肌肉組織、關節韌帶、腱鞘肌群，都得到活動和鍛鍊。

陳式太極拳甚至還有美容的功效。它要求以內外呼吸帶動丹田呼吸，真氣運行，滌蕩五臟六腑，則肝腎的血液循環加快，使血液中的毒素加速排出，同時腸蠕動增強，以利糞毒素的排出，使人體氣血充足、面色紅潤、肌膚細嫩、健康美容。

現代人生活和工作節奏加快，因身心失衡、氣血失和導

致了多種疾病。透過陳式太極拳的修煉，培養一種整體的、變通的、靈活的太極思維模式，改變自己，改變自己與世界的關係，更好地接受世界萬物，即「天人合一」。

陳照奎—楊文笏—萬周迎這一脈陳式太極拳練習者，宣導醫武結合，運動與養生兼備，對於現代人健康養生具有非常重要的現實意義。希望各位讀者由《輕敲太極門》這本書，早日步入太極拳殿堂。

馬一弘

七寶閣書院院長，書香學府教育創始人
中國書院學會副會長

《輕敲太極門》一書蘊含著「道」與「藝」兩個層面，既有「道」的統御，也有「由藝入道」的方法，是一部非常好的學習書籍。中國文化首先是天地的文化，陰陽五行的思想貫穿在我們的生活中，而太極拳這門武藝正體現了人與天地之道的結合。

萬周迎老師把中醫的思想體系與太極拳的習練結合起來，他告訴大家，練武、習藝最終的目的是至於道。這個「道」是陰陽平衡的道，天地的道，是一個自然而然的陰陽平衡。人體本身也應該是一個陰陽平衡的自然之體，然而人們生活中常常不守「道」，表現出起居無常。習練太極拳就是要我們由「藝」去體悟天地之道，由「藝」使身體經常處於陰陽平衡的狀態。

自 序

　　練太極拳者千千萬，知太極門者有幾人？

　　太極本為宇宙之道，化而為上善之水，顯天地陰陽，寒暑燥濕，以為萬物生機之源。因天之序，陰陽定位，德流氣溥而人生其中。故太極亦為人之生機本源，從太極之理而習拳，體證五行陰陽，改後天習性而返先天之天真。

　　太極拳以不造作、不誇張、不懈怠，為習練準繩。化矛盾為平衡，身體精神中正安舒，肌肉氣血各司其職，臟腑經脈各安其位，五行不彰、陰陽不顯，以渾然一體為其表象。

　　拳本小道，為養生防衛之法，而欲匯於太極大道，須先知大道之門，人為萬物自然之靈，以人身體悟自然之道，太極拳可為入門之法。

　　言太極拳相關之書近百年來可謂汗牛充棟，提筆之時心中未免惴惴，恐自身見識淺陋，徒為學舌之言，拾前輩牙慧，而於學者無絲毫裨益。惟思二十餘年積累之功，前輩殷殷之望，乃勉力梳理經典源流，拳法脈絡，中學為體，西學為用，法古今之變，覓太極之門，拉雜而成此文集。雖不能化繁入簡，歸一成道，庶幾能古為今用，為同道修習權做參照。其中觀點雖不能保證如科學體系般嚴謹精確，大約也能循之而得見太極之門。

經典之證悟，須由實踐而得，文中對儒、道、醫、武經典的認知解讀，俱在前輩傳授基礎上結合自身習拳練功之體證，僅為讀者入門參考，切勿執著拘泥。太極拳功夫之用不離「活」字，其勢法因時、因地、因人而變，萬變不離太極十三勢之根本，不離「本末終始」生剋循環。「指月」之意，非在「指」，亦非在「月」，一切有形有為之法，皆虛幻無常。太極修行，損至無為，無形無相，無極太極，以捨己從人與十三總勢，為其法門。得其門者，或敲門問道，或推門入道，水到渠成，自然而然。

是為序！

太極源流

太極，這個概念由來已久。在漫長的歷史發展過程中，出現了很多在含義上與「太極」相類似的詞，在這裏我們大致地梳理以下幾個概念的源流脈絡：無極、混沌、陰陽和太極。

無極

無極之名，首見於《老子道德經》，其文曰：「知其雄，守其雌，為天下溪。為天下溪，常德不離，復歸於嬰兒。知其白，守其黑，為天下式。為天下式，常德不忒，復歸於無極。知其榮，守其辱，為天下谷。為天下谷，常德乃足，復歸於樸。」這裏的無極，應該是老子「無為而治」的另一種說法。一個國家，以當政者為「極」，並由君主「知白守黑」，可以有序運轉，不斷養德，這樣，我們就可以把國家之「極」（君主）歸於無為。與前文中提到的「嬰兒」「樸」是同一類的。

《莊子·逍遙遊》有「無極之外，復無極也」的說法。莊子所說的無極，是指時空的對稱性和無限性，用現代語言來說就是一個各向同性的無限時空。

無極是一個根於道家的概念，道家尚無為，推崇修身治國亦以無為為上。無為，並不是什麼都不做。每個成年人在世間都有自己確定的身份和位置、特定的能力和特點；而初生的嬰兒卻是具有無限的可能性，在現代社會，

嬰兒的未來可以是：詩人、教師、科學家、藝術家、商人、將軍等。但是，嬰兒是沒有能力應對外界的變化的，而道家讓人在成長過程中能力增長的同時不斷完善自己，在遇到各種情況時都能應對自如，這樣就像回到有無限可能的嬰兒那個各向同性的對稱狀態一樣。但這個狀態和最初的嬰兒還是有區別的，如果說最初的嬰兒是什麼都沒有，那麼也可以認為無為的「嬰兒」其實是具有無所不為的能力的。因此，在這個意義上，無極並非是什麼都沒有的虛空，而是包含一切可能的完善狀態。

從現代科學來說，與無為最接近的概念可能是物理上的真空。真空是產生所有粒子的源頭，我們透過輸入能量，從真空中激發出一個粒子，那麼，真空中就會同時存在一個空穴，表現為這個粒子的反粒子。最早作為正反粒子對實例的電子和正電子，其物理性質除了所帶電荷相反，其他都是相同的。正反粒子各自都能表現出客觀實在的物理性質，成為宇宙中物質的組成成分。當正反粒子對相遇又會湮滅成真空，並釋放出相應的能量。因此，真空的空無，是包含所有可能粒子的一種完全對稱的存在形式，就像一個處在無極狀態的人，有能力應對可能出現的任何事物。這也是道家說的「無為而無不為」。

故老子和莊子所說的無極，雖一指人事，一指宇宙，而其本質是一致的。真空含萬有，無為無不為，從這個意義上說，由紛亂複雜到自然安定最終歸於無為，「無極」是一個「始於亂，行於治，終於無」發展過程的最終結果。

混 沌

　　混沌（亦稱渾沌）一詞首見於《莊子·應帝王》，其曰：「南海之帝為儵，北海之帝為忽，中央之帝為渾沌。儵與忽時相與遇於渾沌之地，渾沌待之甚善。儵與忽謀報渾沌之德，曰：『人皆有七竅，以視、聽、食、息，此獨無有，嘗試鑿之。』日鑿一竅，七日而渾沌死。」

　　《老子》有曰：「有物混成，先天地生。寂兮寥兮，獨立而不改，周行而不殆，可以為天下母。吾不知其名，強字之曰『道』。」

　　三國時期吳國人徐整所著《三五曆紀》：「天地渾沌如雞子，盤古生其中。」

　　莊子所言渾沌，位於中央，沒有分辨心，可善待如「儵」「忽」這樣無常的變化，而當意味著生命分別辨識能力的七竅成形時，則渾沌之地隨即不存了。

　　老子的「先天地生」的混成之物，也是生機孕育的混沌之地，故為「天下母」。而此後《三五曆記》的民間故事，更直觀形象地將意味著天地生命的盤古神孕育在形如雞子的混沌之中。

　　故混沌這個概念是特指蒙昧中孕育生機的狀態，在生命意識產生之前，尚無利害之心、識別之意，寂寥中蘊含天地生機，涵養生命之先天真元。時機成熟，則開天闢

地，混沌去而天地萬物生。

陰 陽

　　陰陽是中國傳統文化中應用最廣的基本概念之一。自上古以來，從經史子集，到民間傳說，可以說處處有陰陽。戰國時以鄒衍為代表的陰陽家，其學說上托黃帝，以道家黃老思想為根基，旁參儒家、兵家等，形成了以陰陽五行為核心的修身治國思想，成為戰國時期重要流派之一。先秦以後陰陽學說濫觴於世，涉及詩詞歌賦、醫卜星相、農工商兵等，可以說無處不陰陽。

　　典籍中論及陰陽者，擇其要者列於下。

　　「陰陽者，氣之大者也。」（《莊子‧則陽》）

　　「一陰一陽之謂道。」（《易傳‧繫辭上》）

　　「陰陽者，天地之道也，萬物之綱紀，變化之父母，生殺之本始，神明之府也。」（《素問‧陰陽應象大論》）

　　「陰陽者，有名而無形。」（《靈樞‧陰陽系日月》）

　　「深觀陰陽消息，而作怪迂之變。」（《史記‧孟子荀卿列傳》）

　　「太一生水，水反輔太一，是以成天。天反輔太一，是以成地。天地複相輔也，是以成神明。神明復相輔也，是以成陰陽。陰陽復相輔也，是以成四時。」（湖北郭店戰國楚簡《太一生水》）

　　陰陽是有形萬物盛衰變化的原動力，陰陽生四時，則生長收藏的生命過程由此而顯現。故陰陽是變化之父母，生殺之本始。天地生機本源之神明亦在陰陽之中。有生命過程，陰陽才有意義；在沒有生機的世界裏，陰陽亦無所存。

太極

　　太極之名，始見於《莊子・大宗師》，其曰：「夫道，……在太極之先而不為高，在六極之下而不為深，先天地生而不為久，長於上古而不為老。」莊子此處所言之太極，應為天之極高處，可通於上古之天極或太一。

　　《易傳・繫辭上》曰：「是故，易有太極，是生兩儀，兩儀生四象，四象生八卦，八卦定吉凶，吉凶生大業。」《易傳》本於孔子所傳，應為戰國時孔子後學所作，故太極為傳統的儒家、道家文化中一個重要概念，其理在陰陽之前，為道之所存。

　　另太一、大一、泰一、太乙、天一、天極，這些詞都曾作為太極的別名出現。

　　《史記・天官書》有「中官天極星，其一明者，泰（太）一常居也」之說。此處的天極星為地球自轉軸所指的北極星。古代星官的名字在命名以後是很少變化的，太一作為天極星代表的最高神的名字，當傳自上古。早在新石器時代，就有器物上的圖案與之或有關聯。最著名的當

良渚文化
神人獸面圖

屬良渚文化中常見的一個神人獸面合一的圖案，這個圖案
很可能與天極神有關，並一直沿用到青銅器時代，很多青
銅重器上都能看到這個圖案的演變痕跡。青銅上的圖案多被
後人認為是獸面紋或饕餮紋，如果仔細對比這些獸面圖案，
都可以看出這個良渚文化神人獸面合一的圖案的影子。

　　天極神太一可能是當時部落文明的最高信仰。到了春
秋戰國時期，太極或太一從有形擴展為無形，成為天地的
本源，並作為宇宙之「道」的別稱。

　　湖北郭店有出土戰國楚簡《太一生水》。此篇簡書與
《老子》的幾個不同版本殘簡一同出土，很容易讓人聯想
《太一生水》很有可能是當時道家經典的相關內容。其中
有云：「太一生水。水反輔太一，是以成天……」此處太
一，當為宇宙本源，在天地之前，與混沌相類。

　　戰國晚期的《呂氏春秋·仲夏紀·大樂》有曰：「音樂
之所由來者遠矣。生於度量，本於太一。太一出兩儀，兩儀

商周時期偁祖丁鼎上鑄獸面圖
（現藏台北故宮博物館）

出陰陽。」「萬物所出，造於太一，化於陰陽。」「道也者，至精也，不可為形，不可為名，強為之，謂之太一。」

因此，在春秋戰國時期，太極和太一等詞，是作為萬物本源或者天地之先的無形道體而被各家引用，這成為當時人們的一個共識。

唐初詩人陳子昂有《感遇》詩一首。

感 遇

微月生西海，幽陽始代升。
圓光正東滿，陰魄已朝凝。
太極生天地，班元更廢興。
至精諒斯在，三五誰能徵。

詩中有太極一詞，也有與煉丹修行相關的各種隱喻。微月、幽陽、圓光、陰魄等分別對應少陰、少陽、太陽、

太陰等人體的內景現象。班元、至精和三五都和內丹修行有關。由此我們可以看出,在唐代初期,詩人對煉丹修行的相關概念是很熟悉的,而太極已經和身體修行等行為緊密關聯在一起,並成為其中一個重要的組成要素。我們知道,內丹修煉是離不開導引吐納等練氣養生的方法的,從漢代馬王堆出土的關於導引養生的圖畫中也可以感受到當時人們對健康長壽甚至修煉成仙的追求。太極概念與內丹導引和修行行為的相關聯也是很自然的。陳子昂的這首《感遇》詩,可作為一個隋唐時期太極與養生修行相關聯的例證。而太極的內涵,也從上古時代的至高天神和星辰,先秦的天地本源道體,慢慢落實到人身上,和人的行為結合在一起,成為人們追求健康長生的一個要素。

當時有沒有以太極命名的導引養生術,現在已不可考,故雖有傳說太極拳起源於南北朝或唐代的道士,但我們已不能證實其說法的準確性。

相對無極而言,太極是一個循環過程的開始。無極為終,太極為始。故經典中多用「終始」而含萬物生生不息之意。如《大學》中「物有本末,事有終始,知所先後,則近道矣」;《周易》中「大明終始,六位時成,時乘六龍以御天」;《靈樞》中「凡刺之道,畢於終始,明知終始,五臟為紀,陰陽定矣」等。

終始循環,有無相生。無極、太極為道之兩面,大至宇宙萬物衍化,小至一事一物一人,皆可因此而通大道。故中華傳統文化中有代表性的兩家,道家尊無極而儒家尚太極,在兩家交替影響下,中華文明終始循環,生生不息。

勾雲佩
（現藏台北故宮博物館）

　　上古之人的理想境界是天真，這種天真，是天性的自然展現，幾乎沒有理性邏輯的羈絆。這種狀態我們可以從上古藝術中略窺一斑。上面良渚文化神人獸面圖中，神人與神所掌控之獸，還有抽象的漩渦星辰，有機融合成一體，總體又呈現一個大的獸面圖案。圖中各種元素有機融合，隨性而自然，互相轉化，互相制衡，呈現一種立體的時空關聯。典型的例子還有紅山勾雲佩，這種玉佩對龍、鳳鳥、星辰等各種事物的抽象和融合簡直到了從心所欲的境界。

西周人龍佩
（正面）

　　這種關聯方式，在商代的玉器和青銅器中還可以見到。而到了西周，隨著社會秩序的重構，意識形態的統一，這種立體而隨性的思維方式中出現了人為的痕跡，立體思維趨向平面化。西周的玉器構圖中，各種元素人、鳥、龍等有了規範的關聯和轉化形式，後天的思維和秩序慢慢取代了「天真」之體。

　　而到了春秋戰國之後，理性的思辨和具象化的邏輯演繹開始成為人們主要的思維方式，藝術也就承載了更多有形有象的人類意圖，其關聯和演繹越來越趨近線性的邏輯關聯。

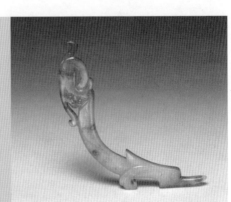

戰國螭紋觿
（現藏台北故博物館）

　　到了這個時期，上古天真的境界也就很難在藝術創作中展現出來了。從某種意義上，上古天真之人是將自己放在天極神的視角看待事物，其視野是時空立體的關聯。這種狀態也是太極的理想境界，無形無象，生機內蘊，神人合一，自然空靈。可以說良渚文化神人獸面圖案和紅山文化勾雲佩圖案，有形、無形自然合一，才是真正代表天、地、人合一的太極圖。

　　到了五代至北宋時期，陳摶老祖傳出《無極圖》，以圖形方式表現人內在的修行過程，而周敦頤得此圖後，將原本自下而上的《無極圖》逆過來看而得到了《太極圖》，這兩張圖是無極、太極這兩個概念的直觀的表述。兩張圖從結構要素上看是基本相同的，但無極圖是自下而上看，由注解文字可看出與道家修行經典的關係；而太極圖是自上而下看，可得《易經》萬物化生之理。

　　《無極圖》中最下一圈注文為「玄牝之門」「得竅」，可看作人從外在有為狀態而轉向內化而無為的關

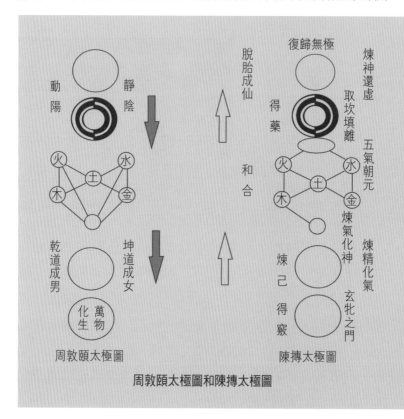

周敦頤太極圖和陳摶太極圖

竅，從向外的耗散為主轉變為向內收斂為主，煉精化氣，氣不外散，化神以養五臟，五臟之氣調和五行而成坎離之精，取坎填離，陰陽和合，煉神還虛而復歸無極，是為逆後天返先天、復歸無極、以身合道之修行法。

周敦頤之《太極圖說》全文如下。

太極圖說
周敦頤

　　無極而生太極。太極動而生陽，動極而靜，靜而生陰，靜極復動。一動一靜，互為其根。分陰分陽，兩儀立焉。陽變陰合，而生水火木金土。五氣順布，四時行焉。五行，一陰陽也；陰陽，一太極也；太極，本無極也。

　　五行之生也，各一其性。無極之真，二五之精，妙合而凝。乾道成男，坤道成女。二氣交感，化生萬物。萬物生生而變化無窮焉。

　　唯人也得其秀而最靈。形既生矣，神發知矣。五性感動而善惡分，萬事出矣。聖人定之以中正仁義而主靜，立人極焉。

　　故聖人與天地合其德，日月合其明，四時合其序，鬼神合其吉凶。君子修之吉，小人悖之凶。故曰：「立天之道，曰陰與陽。立地之道，曰柔與剛。立人之道，曰仁與義。」又曰：「原始反終，故知死生之説。」大哉易也，斯其至矣！

　　《太極圖說》所言之意，太極由無極而生，調和坎離陰陽而順布五行，合天地剛柔、立仁義之勢而統化世間萬物，為太極化生之法。《無極圖》自下而上講收斂向內歸於無為之理，《太極圖》自上而下講內聖外王之法，兩圖歸一體而成升降開合，而為後世太極圖之本源。

　　到明代，出現了最早的陰陽魚形狀的太極圖。如果細看，它和今天常見的太極圖是有區別的。它不是現在常見的圖案化的兩個半圓相合在一起做出來的圖，而是稍微偏一點，陰陽各自消長的區域比現在常見的太極圖要多，當時這個圖的名字叫《天地自然河圖》，出自明初趙撝謙的《六書本義》，也叫《先天太極圖》。此圖以太極陰陽合抱之圖，成先天八卦陰陽衍化之理。純陰在北為坤卦，東北一陽二陰之震卦一陽生，經東方陽中含陰之離卦，過東南二陽一陰之兌卦，至南方純陽為乾卦，再由西南一陰始生之巽卦，正西陰中含陽之坎卦，過西北一陽二陰之艮卦，復歸北方三陰為坤卦。

　　明代來知德的《來注易經圖解》，以太極、兩儀、四象、八卦衍生關係，得「來氏太極圖」。以中間的小圓代表太極，兩邊陰陽交互生長的規律用黑白區域的變化來表達；再用兩線將黑白區域分為四部分，陽上加陽為太陽，陽上加陰為少陰，陰上加陰為太陰，陰上加陽為少陽，是為兩儀生四象。而黑中的白線和白中的黑線分別代表陰中之陽、陽中之陰，立為坎、離二卦，進而可得文王八卦之義。我們看來氏太極圖的特點是大圓套小圓的結構，為此來知德曾作《弄圓歌》：「我有一丸，黑白相合，雖是兩

分，仍是一個，大之莫載，小之莫破，無始無終，無右無左。」其實這個圖在基本結構上跟陳摶《無極圖》和周敦頤《太極圖》的從上到下第二層的那個「坎離框廓圖」基本是一致的。從造型上並未出周子《太極圖》的範圍。至此，太極圖在古代的衍化歷程基本結束，在圓中陰陽對合的結構成為太極圖的基本形象。這個簡潔的黑白圖形完美闡釋了古聖賢經典所言太極生生不息之要義。

現代常見的太極圖形象，更像是儒家和道家對自然和人的認知方式的融合，其中既有道家清虛無為、內煉和合的元素，又有儒家積極入世、兼善天下的擔當。最後陰陽魚形式的太極圖在某種程度上可以視為陳摶所傳《無極圖》和周敦頤《太極圖》的融合和統一。其右方黑色部分其勢下降內斂而內含陽升之機，其屬性為內斂之陰而含上升之陽；左方白色部分其勢上升外發而含陰降之意，為由內而外化生萬物，故其屬性為宣發之陽而含肅降之陰。左右對合，無極、太極終始循環，生生為易。

故可詮《易傳》之「是故，易有太極，是生兩儀，兩儀生四象，四象生八卦，八卦定吉凶，吉凶生大業」之意，大業成而君子可循《老子》之「知其白，守其黑，為天下式。為天下式，常德不忒，復歸於無極」。然後「無極而生太極」，儒道相合，終而復始，而生生不息，故太極為大道之理。

至此我們大致梳理了一下太極及其相關的一些抽象概念的脈絡。《易經・繫辭》有「一陰一陽之謂道」，本章講的幾個概念是在陰陽或者陰陽之前，都屬於「道」的層

面，是很難用語言文字表達清楚的。故上文文字，當從活處去看，須結合自身生活實踐體悟，反覆玩味，方能得文字背後的「道理」。此外還有一些相關概念，比如三才、五行、八卦等，相對會更接近有形有象的「用」的層面，更易於結合具體事物和邏輯習慣來說明和理解，故在此暫不做展開說明。

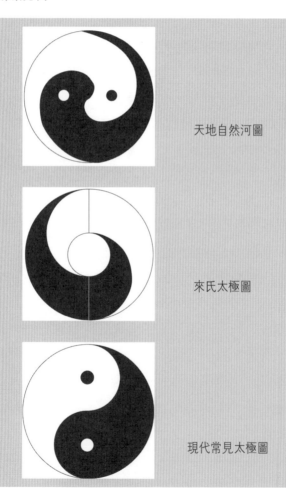

天地自然河圖

來氏太極圖

現代常見太極圖

有拳名太極

太極拳之源流

　　以太極為名的太極拳，雖然歷史不長，但其起源問題卻因為歷史史料的缺乏和摻雜了江湖與人的複雜性而顯得撲朔迷離。

　　關於太極拳的起源，有很多種說法，但總體歸納起來主要有三種。

　　其一：起源於明代以前，創始人是道家祖師，主要有唐代許宣平、五代陳摶、宋代張三峰、元明張三豐等說法。

　　其二：起源於明末清初，創始人是河南溫縣陳家溝陳王廷。

　　其三：起源於明末清初，創拳人是河南博愛唐村李岩、李仲與陳家溝陳王廷。

　　持以上第一種說法者認為太極拳是道家的傳承，後經山西人王宗岳再傳而入趙堡鎮和陳家溝。而第二種說法為當今主流意見，即太極拳創自明末清初，由陳氏第九世陳王廷在其晚年結合軍隊練兵之法、陳家家傳武藝和道家修行術所創。第三種說法主要是根據唐村民間口傳的王宗岳給其師李鶴林先生生辰送匾的故事而來，並說匾額留存至「文革」時期。

　　我們知道，山右王宗岳是太極拳歷史上一個非常關鍵

的人物。自從武禹襄從其兄舞陽縣令武秋瀛先生處得署名山右王宗岳的《太極拳論》後，王宗岳其人其事就成為太極拳歷史研究的一個關鍵問題。持道家傳太極拳的觀點的學者認為王宗岳是明代人，受雲遊道人傳太極拳而後方有現代各家太極拳的流傳。

其依據大多來自《清史稿》中關於王征南內家拳源流的記載：「內家者，起於宋武當道士張三峰，其法以靜制動，應手即仆，與少林之主於搏人者異，故別少林為外家。其後流傳於秦晉間，至明中葉，王宗岳為最著，溫州陳州同受之，遂流傳於溫州。」《清史稿》因成文倉促，其中錯漏甚多，本不足為據。尤其這段關於內家拳的文字，其原文應來自清初學者黃宗羲的《王征南墓誌銘》，黃宗羲是王征南好友，且其子黃百家曾從王學內家拳，故其記載應有較大的可信度。

其中關於內家拳源流的記載如下：「少林以拳勇名天下，然主於搏人，人亦得而乘之。有所謂內家者，以靜制動，犯者應手即仆，故別少林為外家。蓋起於宋之張三峰。三峰為武當丹士，徽宗召之，道梗不得進，夜夢玄帝授之拳法，厥明，以單丁殺賊百餘。三峰之術，百年之後流傳於陝西，而王宗為最著。溫州陳州同從王宗受之，以此教其鄉人。由是流傳於溫州。」

對比這兩段文字，很明顯《清史稿》文是改編自《王征南墓誌銘》的，而其中有一微妙的不同，就是黃宗羲文中的內家拳傳承者陝西人王宗，在《清史稿》中變成了秦晉間的王宗岳。查《清史稿》成文在北洋政府時期，此時

太極拳已大行於世，署名山右王宗岳的《太極拳論》也已成為太極拳家公認的經典。眾所周知，山右為山西，而從原本的「陝西」變成「秦晉間」，從「王宗」變成「王宗岳」，不知是否受此影響。故《清史稿》中關於王宗岳的記載是不可全信的。

另有線索來自20世紀30年代成書的，由姚馥春、姜容樵先生著的《太極拳講義》。姚、姜二人的太極拳學自好友湯士林，而湯士林為形意名家許占鰲先生弟子，其太極拳得自陳耕耘之子陳延熙；陳延熙於清末民初曾在天津授拳（據吾師楊文笏先生說當時袁世凱之子曾從陳延熙習拳），與許占鰲相交莫逆，故陳以友授太極拳及清乾隆時太極拳譜抄本於許；許又授弟子湯士林，湯士林授好友姚馥春、姜容樵。故有此《太極拳講義》中的「太極拳論」部分。這篇「太極拳論」與世傳拳論有所不同，其實為太極拳歌訣的注解。此太極拳譜及拳論據傳為清初王宗岳所著，應不晚於乾隆年間傳入陳家溝。（拳譜原文見「太極拳經論篇」）

如此說法屬實，則太極拳於清初經王宗岳傳入陳家溝是有可能的，而此傳拳下限應在乾隆年間，應為陳氏十二世左右。

以上亦不能排除清初陳王廷創拳或陳王廷與他人共同創拳並傳王宗岳的可能性，亦前述太極拳起源之其二與其三。綜以上所述，太極拳創自何人、早期如何流傳，至今未有定論。後兩種可能性在此不做展開論述，但並不妨礙我們在太極拳理、拳勢和拳法上追本溯源，嘗試將太極拳回歸到太極

本源上去，真正將太極拳術與太極之道相融相合，讓太極拳成為一門可以身體力行、以身證道的大學之道。

陳式太極拳的產生和特點

武藝流傳在華夏大地可謂歷史久遠，遠古先民與萬靈爭命，搏虎狼、獵犀牛，征戰四方，為部落種族生存而不斷總結提煉各種對抗技術，並在漫長冷兵器時代後期形成以弓馬騎射和刀槍劍戟用法為主的武藝形式。

這一時期，青年才俊習文練武都會有很好的前途和社會地位，其武藝也首推馬上拼殺的技術。宋元以後，火器的應用使戰爭形式有了根本的變化，長槍大戟的馬上功夫的用武之地越來越少，武藝作為護身保命的應用慢慢成為主流，加上元朝政府對漢人的高壓統治，鐵器的應用受到嚴格限制，到明代主流武藝已經演變成徒手格鬥和短兵器使用技術。明晚期成書的戚繼光《紀效新書》收編了當時的拳法大成之作《拳經捷要篇》，其擷取各地流行的武藝精華，提煉成三十二式法，用於練兵。這是確實可考的官方推行的標準拳譜版本。

戚繼光從練兵實際需求出發，編此拳法用於給士兵習練手足，但這也僅是一種輔助手段，因為當時拳腳技術直接用於戰場對抗情況已經非常少。參考《紀效新書》十八卷本《拳經捷要篇》前言，原文如下。

此藝不甚預於兵，能有餘力，則亦武門所當習。但眾之不能強者，亦聽其所便耳。於是以此為諸篇之末第十四。

拳法似無預於大戰之技，然活動手足，慣勤肢體，此為初學入藝之門也。故存於後，以備一家。學拳要身法活便，手法便利，腳法輕固，進退得宜，腿可飛騰，而其妙也，顛起倒插；而其猛也，披劈橫拳；而其快也，活捉朝天；而其柔也，知當斜閃。故擇其拳之善者三十二勢，勢勢相承，遇敵制勝，變化無窮，微妙莫測。窈焉冥焉，人不得而窺者，謂之神。俗云「拳打不知」，是迅雷不及掩耳。所謂「不招不架，只是一下；犯了招架，就有十下」，博記廣學，多算而勝。古今拳家，宋太祖有三十二勢長拳，又有六步拳、猴拳、囮拳，名勢各有所稱，而實大同小異。至今之溫家七十二行拳、三十六合鎖、二十四棄探馬、八閃番、十二短，此亦善之善者也。呂紅八下雖剛，未及綿張短打，山東李半天之腿，鷹爪王之拿，千跌張之跌，張伯敬之打；少林寺之棍與青田棍法相兼，楊氏槍法與巴子拳棍，皆今之有名者，雖各有所取，然傳有上而無下，有下而無上，就可取勝於人。此不過偏於一隅。若以各家拳法兼而習之，正如常山蛇陣法：擊首則尾應，擊尾則首應，擊其身而首尾相應。此謂「上下周全，無有不勝」。大抵拳、棍、刀、槍、叉、鈀、劍、戟、弓矢、鈎鐮、挨牌之類，莫不先有拳法活動身手。其拳也，為武藝之源。

今繪之以勢，注之以訣，以啟後學。既得藝，必試
敵，切不可以勝負為愧、為奇，當思何以勝之？何以
敗之？勉而久試。怯敵還是藝淺，善戰必定藝精。古
云「藝高人膽大」，信不誣矣！余在舟山公署，得參
戎劉草堂打拳，所謂「犯了招架，便是十下」之謂
也，此最妙，即棍中之連打。

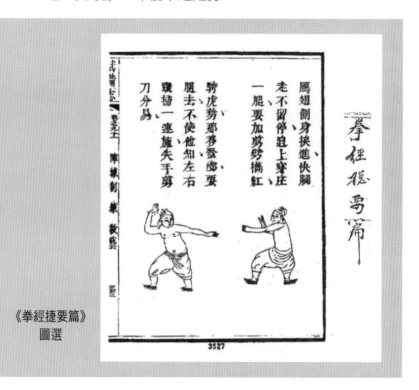

《拳經捷要篇》
圖選

　　以上可知，在戚繼光所在的時代，各武藝流派就已經
形成不同的風格，可謂各有所長，而戚繼光從軍隊實用角
度取長補短，編出一套對敵較為完善的拳法用於練兵，並
強調武藝要用於實戰，必須經常進行實戰應用和實戰演

練，否則就只是「活動手足」和「慣勤肢體」，即主要用於強身健體、增強身體的基本素質。

因此，不要寄希望於隱居深山的世外高人成為技擊高手，沒有大量的實戰練習機會，是不可能成為實戰高手的。現在常見的太極拳，正是產生在這樣一個拳種流派眾多，各種武術技法交流融合、創新發展的時代。

現在官方認可的太極拳創始人是陳王廷，雖然這個結論並不一定是歷史事實，但是陳王廷無疑是有著創立現在陳式風格的太極拳的客觀條件的。陳王廷是明末清初河南溫縣陳家溝人，青年時代的他有從軍的經歷，對《拳經捷要篇》應該是非常熟悉的。陳家歷代有家傳的武藝，當時的民間家傳武藝裏，除了被戚繼光吸收融合適用於練兵的內容之外，還會有一些適合自我防衛和看家護院的特殊技術。晚年，陳王廷閒居在家鄉，從他那首後來常被人提及的長短句，可見當時情形。

歎當年，披堅執銳，掃蕩群氛，幾次顛險！蒙恩賜，枉徒然，到而今，年老殘喘。只落得《黃庭》一卷隨身伴，悶來時造拳，忙來時耕田，趁餘閒，教下些弟子兒孫，成龍成虎任方便。欠官糧早完，要私債即還，驕諂勿用，忍讓為先。人人道我憨，人人道我顛。常洗耳，不彈冠。笑殺那萬戶諸侯，兢兢業業，不如俺心中常舒泰，名利總不貪。參透機關，識破邯鄲，陶情於魚水，盤桓於山川，興也無干，廢也無干。若得個世境安康，恬淡如常，不忮不求，那管他世

態炎涼，成也無關，敗也無關。不是神仙誰是神仙？

從通篇的格調看，不難感受到他因晚年不得志而寄情山水的出世之意，故有《黃庭經》隨身，造拳自娛。陳王廷的武藝有軍隊武藝和民間武藝的融合，而他又有著現實世界不得志而嚮往出世神仙的道家思想。所以，陳式太極拳的三個基本要素，民間武藝、軍隊武藝和道家養生法，陳王廷都是具備的。

坐者為陳王廷，
立者為蔣發

拳經總歌

縱放屈伸人莫知，諸靠纏繞我皆依。劈打推壓得進步，搬撂橫採也難敵。鈎掤逼攬人人曉，閃驚巧取有誰知？佯輸詐走誰云敗，引誘回衝致勝歸。滾拴搭掃靈微妙，橫直劈砍奇更奇。截進遮攔穿心肘，迎風接步紅炮捶。二換掃壓掛面腳，左右邊簪莊根腿。截前壓後無縫鎖，聲東擊西要熟識。上籠下提君須記，

進攻退閃莫遲遲。藏頭蓋面天下有，攢心剁肋世間稀。教師不識此中理，難將武藝論高低。

此歌訣出現在《陳氏拳械譜》的兩儀堂抄本中，原文未注明作者，唐豪先生考證此為陳王廷所作。不論此考證是否確切，有一點是無疑的，早期的陳式太極拳手法、身法、腿法都是有明確的攻防意識，是有防身技擊功能的，這也和當時社會的需求相一致，正如一種技藝只有順應社會的現實需要，才能存在和發展下來。

另外，此歌訣對戚繼光《拳經捷要篇》的三十二拳勢內容有明顯的繼承和借鑒關係，有一些詞句直接來自戚氏，如「閃驚巧取」「無縫鎖」「上籠下提」等，此不一一贅述。這也說明了戚繼光的《拳經捷要篇》對早期太極拳有較深的影響。

近代太極拳流派概況

近代流行的幾家太極拳流派，如楊、吳、武、郝、孫等，其流傳譜系如下。

陳長興(1771—1853)傳楊露禪(1799—1872)。楊露禪傳給次子楊班侯（1837—1892）、三子楊健侯（1839—1917）。楊班侯傳給其子楊兆鵬(1872—1930)、長侄楊少侯（1862—1930）。楊健侯傳給三子楊澄甫

（1883—1936）。楊少侯傳給其子楊振聲（1878—
1939），學生田兆麟（1891—1959）、尤志學等。楊澄
甫傳給其子楊振銘（1910—1985）、楊振基、楊振鐸，
學生牛春明(1881—1961)、陳微明（1882—1958）、
張欽霖（1887—1963）、董英傑（1888—1961）、武
匯川(1890—1936)、崔毅士(1890—1970)、李雅軒
（1894—1976）、鄭曼青（1901—1975）、曾壽昌等。
田兆麟傳子田穎嘉，學生黃文叔（1884—1964）、陳
志進、葉大密（1888—1973）、林鏡平（1900—1997）
等。是為楊派。

　　楊班侯傳給滿族人全佑（1834—1902）。全佑傳
給其子吳鑒泉（1870—1942），學生王茂齋（1862—
1940）、郭松亭。吳鑒泉傳給其子吳公儀、吳公藻、
女兒吳英華（1905—1996）、女婿馬岳梁（1901—
1998）、外甥趙壽邨(1901—1962)，學生吳圖南
（1884—1989）、徐致一（1892—1968）等。王茂齋傳
彭廣義(仁軒)、楊禹廷(1887—1982)等。是為吳派。

　　武禹襄（1812—1880）學太極拳，啟蒙時師從楊
露禪，之後，又從河南溫縣趙堡鎮陳清平（1795—
1868）學了陳溝新架一系的趙堡架，傳給外甥李亦畬
（1832—1892）、李啟軒兄弟等。是為武派。

　　李亦畬傳給其子李石泉（1873—1932）、李遜之
（1882—1944）、姨甥馬同文，以及學生郝為真
（1849—1920）、葛福來等。郝為真傳給其次子郝月
如（1877—1935），學生李聖端（1888—1948）、李

香遠（1889—1961）等。郝月如傳給其子郝少如（1908—1983），學生張士一、徐哲東等。是為郝派。

郝為真傳給友人孫祿堂（1861—1932）。孫祿堂傳給其子孫存周（1893—1963）、孫務滋（1899—1921），女兒孫劍雲，學生齊公博（1875—1960）、孫振川（1885—1945）、孫振岱（1888—1955）、柳印虎、胡席圃等。是為孫派。

以上資料引自金仁霖先生據於1961年從徐哲東先生處得到的考證資料寫成的《幾個有關太極拳歷史考證問題的科學探討》。

另金仁霖先生承徐哲東先生所說，陳式推手法只有順步進一退一，較為單調。此說法表明徐、金兩位先生並不瞭解陳式太極拳推手。從陳發科傳陳照奎再傳吾師楊文笏先生這一脈看，陳氏推手法自成體系，從單推手、雙推手，到進一退一大捋法，再到轉腳活步爛踩花，順步合步，圓轉進退俱全，理法植根陳式拳理之螺旋纏絲，胸腰折疊。此法與楊、吳各家頗為不同，也與心意、形意、八卦各門無關，應當為陳家世代相傳的原始練法。特記於此作為參考。

筆者曾從網上發現一套陳照奎先生演示推手照片，雖不甚清楚，但可明確是陳式特有的推手法，其中包括順步四正手、轉腳步推手和爛踩花等。正是吾師楊文笏先生傳的陳式推手法，擇要錄於本書附錄以做參考。

太極拳的歷史考據是非常重要的，確切的考據有利於

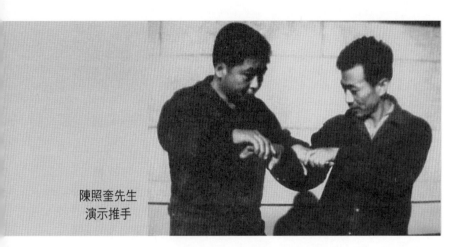

陳照奎先生
演示推手

我們對前輩心血結晶的正確繼承和弘揚。但是，太極拳的
長期生存和發展更重要的是要適應社會的實際需求，為現
代人提供合理有效的保持健康的方法。

　　現有的傳統太極的概念和太極拳的練法都是在中國傳
統的陰陽五行、易經八卦的範疇內的，今天我們沒有了當
時的生活環境，就很難理解那個語境下的語言含義。所
以，將拳論和拳譜重新用現代人能懂的方式解讀出來是非
常重要的，這種解讀，不僅僅是語言上的翻譯，還應該是
思維邏輯的現代重構。

　　用科學明瞭的效果資料，重新解構太極體系，讓太極
拳為人們提供一種科學明瞭、簡潔有效的合理的運動方
式，用定量的效果資料來顯示拳法對人們健康的確切作
用；讓傳統太極拳在現代獲得新的生命力，從而脫離受保
護才能續存的遺產範疇，打破民族和文化的限制，真正成
為造福人類社會的科學的健康體系。

太極拳是什麼

　　太極拳自形成以來，流傳甚廣，且支脈繁多。各家都有其獨到之處，也有片面之失。因此，要還原一個體系完整、練法系統、簡練有效的現代太極拳系統，以滿足現代社會人們對身心健康的需求，培養人們剛柔相濟、恰到好處的日常習慣，就需要我們從人體本身的合理機制出發，尋求傳統太極拳中的基本要素，排除流派的偏見，兼收並蓄，回歸太極本源。

　　我們要採用現代技術，測量身體適應能力的相關參數，用科學方法來輔助傳統太極拳融入現代生活，把太極拳真正變成有效的運動處方，為解決現代社會人們的身心問題服務，促進傳統和現代、東方和西方的接軌，為太極拳現代化、國際化做出切實有效的基礎性工作。

　　在這裏，我們嘗試去解釋太極拳的本質特點，嘗試用現代人習慣的模式去解構太極拳，讓太極拳能以更現代化的方式為年輕人所理解和接受。

　　太極拳的本質特徵是什麼？要回答這個問題，我們應該有一個共識，即理想的太極拳應該是人本來就有的那種狀態，也就是「人之初，性本善」所說的那種具有人的一切可能性的完善狀態。我們知道，人要健康地活著，所需要的最基本的平衡就是食物攝入和能量輸出的平衡，這個

平衡涉及人體所有的臟腑組織結構，即使微小如細胞，也離不開這個平衡過程。

平衡，是太極的核心。太極的平衡不是靜態的，靜態的陰陽平衡是指陰陽分立，且嚴格均等。而太極圖上陰魚、陽魚內均有一個眼睛，這對眼睛，是陰中的陽、陽中的陰，這也意味著陰陽之間的動態變化。人身也有平衡，每日入腹的飲食和身體散發的能量，以及思維和運動所需要的能量，構成了動態的平衡，這種大到整個身心，小到細胞結構都參與的平衡過程是無比複雜的。人類的所有的智慧與愚蠢、勇猛與怯懦、堅定與搖擺、決斷和優柔都來自這個基本的平衡過程。

太極，意味著平衡，同時也意味著變化和靈動。太極拳，是人類用自己的身體來詮釋這種平衡和變化的運動，在用力時含著變化，在展開時蘊含著蓄合。一般人習慣在用力時盡可能地穩固自己的關節，調用自己平日習慣的肌肉，為盡可能地發揮自己的力量而付出不能靈活變化的代價。這樣的力，在太極拳裏叫拙力，是我們在練習時要努力避免的。

在練習太極拳時，在間架結構和身體相對方位上要遵循其作為傳統武術的要求，讓自己的身體在處於伸展或者擰轉的情況下保持連續變化的能力；在連續變化時，保證沉穩和放鬆的狀態。所謂盤架子無非如此。練習太極拳時，要用心體會身體各大關節和肌肉群的緊張和放鬆的協調，把一對對看似矛盾的要求同時在身上實現。太極拳放鬆肌肉還可以讓平時難以用上的肌肉或肌肉群得到鍛鍊，替換掉常用肌肉的部分功能，讓機體受力更加均衡。

騎馬射箭圖
腰胯分開
腰部擰轉

太極拳的平衡還表現為養生和技擊的平衡。太極拳在現代社會最重要的作用是養生，但這並不是說太極拳就沒有技擊功能了。太極拳練習是讓人把拙力去掉，練成太極拳特有的靈活變化的用勁方式。太極拳追求的是用最小的消耗達到最優的效果。這種最優化用力的習慣是有利於養生的。

在有效養生的基礎上，我們身體積累有富餘的能量儲備，就可以用來做一些基本生存需求以外的事。這些事也包括技擊防身。在使用這些能量時，要盡可能地使之在力所能及的範圍之內，就如同不能用傷害根本生產力的方式去透支國力，要在保障國民經濟健康發展的基礎上，合理高效地利用有限的資源，達到保衛國家的目的。

《老子》云：「兵者，不祥之器，非君子之器，不得已而用之，恬淡為上。」這種思想也為太極拳所傳承。所謂「養兵千日，用兵一時」，太極拳並非僅能養生，也能防身，但其技擊防身功能是在生死存亡的關頭，在不得已

之時才用的。但這不得已而用的力量，需要從平日練習時的點滴細節來積累。用最高效的方式保持自身的安全和穩定的能力，需要在以熟練拳法為基礎，在一定強度範圍內進行實戰演練，並且在演練中發現自身不合太極拳理的習慣而改正的情況下才能獲得。練拳不傷己，實戰演練亦不傷己。這樣日積月累，順勢借力，捨己從人，是在胸有成竹、遊刃有餘的狀態下才能真正做到的。太極十三勢順勢而成，當機則發，虛實相應，發而中節，不貪不欠，不頂不丟，功成不居。只有在這種恬淡平和的狀態下得到的技擊能力，才是真正的太極拳的技擊。

太極拳怎麼練

　　太極拳是傳統武藝中一種比較特殊的類別。武藝分內家和外家，這種分別在明代就已經出現。明末清初的大學問家黃宗羲曾為內家拳明師王征南作墓誌銘。其中就有內家拳出於宋徽宗時道士張三峰的說法。而王征南則是張三峰所傳內家拳一脈傳人寧波府張松溪的三傳弟子。明朝萬曆年首輔沈一貫曾為老鄉張松溪寫傳，即《搏者張松溪傳》，可知張松溪確有其人。張松溪武藝高強且深藏不露，其生平行事和出手情形，確實和一般外家武者不同。

　　「倭亂時，少林僧七十輩至海上求張，張匿不

見。好事少年慫恿之，僧寓迎鳳橋酒樓，張與少年窺其搏，失哂，僧覺遮之。張曰：必欲一試者，須呼裏魁合，要死無所問。張故屢然中人耳，僧皆魁梧健力，易之，諾為要。張衣屢如故，袖手坐。一僧跳躍來蹴，張稍側身，舉手而送之，如飛丸度窗中，墜重樓下，幾死。」

這一戰的雙方為少林僧和張松溪，少林僧孔武有力，而張松溪身材一般。少林僧出手兇猛，手足並用；張松溪舉重若輕，順勢借力，將僧人從樓上窗中送出，使之直墜樓下，重傷幾乎喪命。從這段文字，可以看出內家拳鮮明的技擊特色，無論太極拳與此內家拳是否有直接的傳承關係，從技擊實戰的方法和技巧看，兩者是一致的。因此，後來太極拳也被歸入內家拳體系。那麼作為內家拳的太極拳該怎麼練呢？

我們發現內家拳高手和別的武藝高手有一個很明顯的區別，就是在內外神形的表現上，典型內家拳高手如張松溪，身形「屢然中人耳」，性情「沉毅寡言，恂恂如儒」「常自匿人，求見輒謝去」；而典型的別類武藝高手，身形「魁梧健力」，性情常「袒裼扼捥，嗔目語難」，或者「喜授受，顯名當世」。所謂拳如其人，從內家拳習練者與其他武者不同的表現，可知其練功方式和普通的別類武藝是不同的。

這種不同主要源於練武的目的不同，一般武者的目的在用，其要在速度、力量、技巧上。所以，一般的習武練

功，都是在做加法，即增加力量，增加速度，增加技巧。每個人的內在承載能力是有限的，人的臟腑經脈承載能力是有限的，在臟腑功能允許的範圍內，我們可以不斷地增強自己的能力，所以這些能力的增長即使在理想情況下，也是有極限的。

而內家拳是一種修行方法，除了一些必要的規範和力量以外，更多的是在做減法，即把局部多餘的力量去掉，把導致轉換不靈活的障礙去掉。這種方式，是對自身有限的生命力的尊重，可將多餘的導致耗散的不良習慣去除，讓臟腑經脈的運行更加順暢，讓身體內在的功能回歸最佳狀態。所以，內家拳在練習時多強調外形肌肉的放鬆，與神意呼吸的協調自然。

太極拳是典型的內家拳，修習太極拳的基本原則和修習其他內家拳的基本原則是一樣的。它能讓人將不好的習慣慢慢改掉，除去致病的根源，從而讓身體回復自然健康的狀態，且在使用時能量力而行，不會透支身體內部的基本功能。所以，太極拳從根源而言，是回歸傳統中醫養生的。

中醫養生經典主要講的是人該怎麼去做才能不得病，和得了病後又該怎麼補救。修習太極拳首先要尊重這些經典，不能違背這些經典所說的原則和方法。因此，從這個意義上來說，中醫養生經典同時也是太極拳的經典。

另外，傳統文化的其他經典，比如儒釋道三家的經論，都是在尊重人體自然規律基礎上對人的行為方式的規範，都是古聖先賢提出來並經過歷代無數學者身體力行實

踐驗證的。這些經典,也是可以作為太極拳練習時的可靠
參照的。太極拳的修習過程,也是對傳統文化經典的身體
力行的實踐過程。

　　太極拳,可對人的行為方式、心理狀態、待人接物方
式進行全面的改造和規範。

　　對現代人而言,太極拳除了幫助我們得到身心健康之
外,還可有效地提高我們對外部壓力的適應和轉化能力,
提高我們在社會上的適應性,讓我們在緊張的社會生活中
留有一份恬靜自如的心境。

　　因此,修習太極拳需要摧僵化柔,要做到順勢借力,
捨己從人;切忌用努氣和拙力去達到一時的痛快,而給自
己的心性和身體留下健康的障礙。

　　以下是一些修習太極拳需要注意的具體要點。

太極拳架學習次第

　　太極拳從練習強度來說分高盤、中盤、低盤三種架
子,大致可用定勢站定時大腿與小腿在膝關節處形成的角
度確定。

　　膝關節處夾角大於120°的為高盤架子,在120°到90°之
間的為中盤架子,小於90°的為低盤架子。

　　初學太極拳應從中盤架子入手,這個高度能讓人感受
到下盤一定程度的受力。在這種受力狀態下,應儘量將動
作路線、方位、各部的相對角度找準確,並在此基礎上,
體會用胯的移動來調整重心位置,用腰的轉動來調整身體

的方向，初步感受身、手、步相合，協調一致的外三合狀態，初步達到摧僵化柔的目的。

然後可以慢慢降低重心，在其他要領不變的基礎上下勢，體會低盤架子，把胯、膝和腳踝關節盤活，增強下盤穩定性、靈活性和柔韌性，同時充分舒展上肢和脊柱，把全身的關節和韌帶練開。這樣打開的關節和韌帶是在不失力量和彈性基礎上的全身協同打開，和單獨拉伸韌帶的效果是不同的。

在練拳時慢慢揉開全身的關節和韌帶，就像拉開一張充滿彈性的弓一樣，開得越滿，彈性越大，箭出去越有力，而不會像拉伸一條皮筋一樣，過長以後就失去彈性，變得鬆懈無力。

低盤練習需要量力而行。對於一般青少年，可以適當要求下得越低越好，而對於年齡比較大，或者身體狀況不太好的練習者可以適當降低要求，甚至可以略過低盤架子，而只用中盤架子來盤開筋骨關節。

最後練高盤架子。經過中盤和低盤架子的磨鍊，在手法、身形、步法上已經整合成型，可再練習高盤架子以體會太極拳的意境和內在氣血運行。練習時要做到鬆活自然，綿綿不斷，架子雖高而不散，心神放鬆而不懈，一舉一動自然柔和而不離太極規矩，要找到內在身心和外在自然界和諧一致的關係。

由中盤到低盤再到高盤架子，是太極拳修習的標準次第。傳統太極拳傳承的大致規律是中盤架子練三年，低盤四年，高盤三年，這就是所謂「太極拳三年一小成，七年一中

成，十年一大成」說法的由來。

茲列於此供學者參考。

太極拳的開合和呼吸

拳以太極為名，則須處處體現太極之理。很多人都認為太極就是陰陽，就是對立和矛盾的統一體，但其實從《太極拳論》第一句「太極者，無極而生，陰陽之母也」可知，太極是陰陽之母。所以太極並不是陰陽，而是將要分陰陽的一個動態過程。在太極拳的任何一個瞬間，陰陽都是一體的。

太極拳在開勢的時候，外形是展開的，而內部必須有一個收斂過程來平衡，這個收斂就是由呼吸的呼氣來實現的。在呼氣時肺收縮，連帶整個胸腔肋骨等都自然地收縮，這和外形的開展正好成了一個對稱的運動。而在外形裏合的時候，伴隨的是吸氣的過程，這樣外形的合包含著內在的舒張，陰不離陽，陽不離陰，才是太極拳的太極在身體上的體現。

如果外形的放開為發，則內在的收斂為蓄，太極拳在發的同時已蓄上合勢，在外形收的同時已蓄上內在的開勢。這樣蓄發同時，蓄如張弓，發如放箭，放箭同時弓已張，方能連綿不斷，體現太極本意。

故在拳架練習時，須使太極拳的開合和呼吸協調，做到開合呼吸一體，自能體證前賢所言「蓄即是發，發即是蓄」之奧妙。

太極拳的實戰能力

太極拳處處可蓄，處處可發，處處可打。外形舒展張開時打在梢節和週邊，以梢節和週邊之接觸點化解攻擊或擊敵，而其核心處則蓄收回之勢。在外形捲束回收時，以核心帶動整體化解攻擊和擊敵，並蓄週邊展放之勢。在此身法開合捲放之中配合步法進退閃戰，即為太極拳技擊法的根基。有了這個基礎，就如同會用正確的方式搭箭開弓，但是，並不能說這樣就得到了太極拳的實戰能力了。要得到太極拳的實戰能力，還需要經歷實戰演練的過程，就如同學會了搭箭開弓，還要能在合適的位置和時間把箭放出去，才能擊中目標一樣。

狙擊手射擊圖

　　在千變萬化的實際對戰中，選擇合適的時機、合適的方位、正好能用出的合適的方法的能力需要在動態的實戰環境中去磨鍊和獲得。

　　因此，在現代社會環境下，要保持傳統太極拳和傳統武術高超的實戰能力，沒有大量的實際對戰練習，是不可能的。如何創造一個安全有效的演練環境，是傳統武藝實戰能力傳承的一個關鍵。

現代社會對太極拳的要求

　　傳統武藝在各個歷史時期能夠生存和發展、具有旺盛的生命力的最重要的前提在於能夠適應當時的社會需求，隨著社會的變化，不斷地改進自己。在冷兵器時代，傳統武藝中各項技術的合理性和有效性在很大程度上是靠戰場實戰來篩選和淘汰的，效果不好的技術和方法很快就會被清除。只有在戰場上能有效地幫助部隊獲得勝利和提高個體生存能力的技術，才有更大的機會得以傳承和延續。

　　這個規律，很像生物的進化過程，適者生存，不適者被淘汰。而在今天，太極拳在實戰技術上的優劣已經失去了被篩選和淘汰的強制性的機制，而在沒有實踐核對總和淘汰機制的情況下，一些低效的、不合理的技術不能被淘汰，使得武藝花法越來越多，且靠著想當然，靠著所謂正宗秘傳，狂言欺世的現象也很普遍。

　　此外，傳統武藝和太極拳在今天的傳承基本依賴於前輩的口傳心授，而習練者限於各自的資質和時間，下的工夫也有限，很難完整繼承先輩的武藝系統。武藝的戰場實用環境已經消失一百多年了，而民間依賴武藝的保鏢和綠林江湖也已經消失百年以上。現代社會實戰技擊能力，已經不再是需求的主流。武藝的養生健身的功能則成了現代社會最大的需要。就如當年戚繼光在《拳經捷要篇》所說的「拳法似無預於大戰之技，然活動手足，慣勤肢體，此為初學入藝之門也」。可見武藝的強身健體作用，在當時也是很重要的。

　　現代社會是資訊化、資料化的時代，是科學昌明的時代。在現代社會裏，武藝習練的養生效果是可以用資料來表達和說明的。把傳統武藝健身養生的功用納入現代健康體系，是目前傳統武藝很重要的一個發展方向。

　　表達人的健康程度，現代科學有一整套的資料指標，這些指標是大資料統計的結果，可以很大程度上排除人為主觀因素的影響。所以，武藝或者太極拳的練習對健康的作用在很大程度上是可以體現在一些與人體健康相關的資料變化上的。以往，大家都在潛意識裏認為太極拳可以養生，有益於健康，但是這卻缺少系統有效的資料支援。對於太極拳該怎麼練、用多大強度訓練、對身體有多大的作用等基本問題，我們缺乏簡潔有效的定量結果來回答。所以，以前在制定系統的太極拳訓練方案上，就會有很大的隨意性。

　　現在引進現代成熟的人體健康檢測和評估系統後，可

給出針對各種人群確切可靠的太極拳訓練強度和訓練持續時間等具體方案，且可定期對身體健康相關的參數進行檢測和評估，並以之為依據調整太極拳訓練方案。

這樣才能將太極拳作為安全可靠的運動處方，推薦給相關人群用作改善自身健康的有效方法，才能使之為現代人的身心健康服務。這樣，太極拳才會真正進入現代社會生活，成為一種社會必需技術，而不僅僅是一種需要大力保護的文化遺產。

現代的太極拳應該是一個建立在傳統太極拳基礎上的開放體系，非視覺，不表演。習練太極拳是為了身心健康，讓自己能有更好的狀態去面對壓力和挑戰。現代太極拳是一個不離太極本源，習練效果可以用科學方法檢驗的太極拳系統。「君子務本，本立而道生。」當前太極流派紛呈，大師遍地，亂象迷人眼。因此，當前大多數太極拳傳承者努力的方向應該是用實踐去體證太極之道，融太極於現代生活，醫武相合，為解決現代人缺乏有效運動的問題找到一種行之有效的方案。

在有科學資料支援的標準的檢驗下，太極拳將會重新擁有自我更新和自我優化的良性功能，逐步實現拳理明瞭化，練習合理化，效果資料化。參照這個標準，傳統武藝，都可以步入現代良性發展的軌道。當然，以上只是筆者一孔之見，掛一漏萬，僅作引玉之磚，不當之處還請方家斧正。

太極拳經論篇

王宗岳傳太極拳譜

　　此拳譜原文來自姚馥春、姜容樵所著《太極拳講義》，原書中本有湯士林先生解說，恐為一家之言，故此刪去，僅存拳譜之原文部分。原文本為繁體，今改為簡體，並加標點句讀，其中有疑為傳抄錯訛之字句，錯字皆存原文並用括弧加訂正文字以供讀者參考；另有文義不通疑為文字錯位處，如「二十字訣」等皆調整位置以使文意通順。如有不當之處誠請方家批評指正。

歌訣一

　　順項貫頂兩膀鬆，束烈（肋）下氣把襠撐。

　　胃音（背脊）❶開勁兩捶爭，五趾抓地上彎弓。

　　虛靈頂勁，氣沉丹田，提頂調襠，心中力量，兩膀鬆然後窒。開合按勢懷中抱，七星勢視如車論（輪），柔而不剛。彼不動，己不動，彼微動而己意已動。由腳而腿，由腿而身，練如一氣，如轉鶻之鳥，如貓擒鼠。發動如弓發矢，正其四體，步履要輕隨，步步要滑齊。

歌訣二

　　舉動輕靈神內斂，莫教斷續一氣研。

左右宜有虛實處，意上寓下後天還。

一舉動周身俱要輕靈，尤須貫串。氣宜鼓盪，神宜內斂，無使有凸凹處，無使有斷續處。

其根在腳，發於腿，主宰於腰，形於手指，由腳而腿而腰，總須完整一氣，向前退後，乃得機得勢。有不得機得勢處，身便散亂，其病必於腰腿求之。

上下前後左右皆然。凡此皆在心意不在外面，有上即有下，有前即有後，有左即有右。如意要向上，即寓下意，譬之將植物掀起而加以挫折之力，其根自斷，損壞之速乃無疑。

虛實要分清楚，一處自有一處虛實，處處總此一虛實，周身節節貫串，無令絲毫間斷耳。

歌訣三
拿住丹田煉內功，哼哈二氣妙無窮。
動分靜合屈伸就，緩應急隨理貫通。

拿住丹田之氣，煉住元形，能打哼哈二氣。

太極者，無極而生，陰陽之母也。動之則分，靜之則合。無過不及，隨曲就伸。人剛我柔謂之走，人背我順謂之黏。動急則急應，動緩則緩隨。雖變化萬端，而理與性惟一貫。由著熟而漸至懂勁，由懂勁而階及神明。然非用力之久不能豁然貫通焉。

歌訣四

忽隱忽現進則長，一羽不加至道藏。
手慢手快皆非似，四兩撥千運化良。

　　不偏不倚，忽隱忽現。左實則左虛，右重則右輕。仰之則彌高，俯之則彌深。進之則愈長，退之則愈促。一羽不能加，蠅蟲不能落。人不能知我，我獨知人。雄豪所向無敵，蓋皆由階而及也。

　　斯技旁門甚多，雖勢有區別，概不外乎強欺弱、慢讓快耳，有力打無力，手慢讓手快，是皆先天自然之能，非關學力而有也。察四兩撥千斤之句，顯非力勝。觀耄耋能禦眾之形，快何能為。

　　立如秤準，活似車輪，偏沉則隨，雙重則滯。每見數年純功不能運化，率自為人所制者，雙重之病未悟耳。欲避此病，須知陰陽，黏即是走，走即是黏，陰不離陽，陽不離陰，陰陽相濟，方為懂勁。懂勁後愈練愈精，默識揣摩，漸至從心所欲。本是捨己從人，多誤捨近求遠，所謂差之毫釐，謬以千里，學者不可不詳辨焉。

　　此論句句切要，並無一字陪襯，非有夙慧之人未能悟也。先賢不肯忘（妄）傳，非獨擇人，亦恐枉費工夫耳。（此句甚為突兀，疑為後人所增，注以備考。）

歌訣五

掤捋擠按四方正，採挒肘靠斜角成。
乾坤震兌乃八卦，進退顧盼定五行。

長拳者如長江大河滔滔不絕也。

二十字訣

披閃擔搓歉，黏隨拘拿扳。

軟掤摟摧掩，撮墜續擠攤。

骨節相對，開勁為陽，合披坑窯相照，分陰陽之義，開合引進落空，分寬窄老嫩，入筍不入筍，有擎靈之意。

斤對斤，兩對兩，不丟不頂，五指緊聚，六節表正，七節要合，八節要扣，九節要長，十節要活，十一節要靜，十二節抓地。

三尖相照，上照鼻尖，中照手尖，下照足尖。能顧元氣，不跑不滯，妙令其熟，牢牢心記。

能以手望槍，不動如山，動如雷霆，數十年工夫皆言無敵，果然信乎？高打高顧，低打低應，進打進乘，退打退跟。緊緊相隨，升降未定，沾黏不脫，拳打立根。❷

十三勢

十三勢者，掤捋擠按採挒肘靠此八卦也，進步退步左顧右盼中定此五行也，合而言之曰十三勢。掤捋擠按即坎離震兌四正方也，採挒肘靠即乾坤艮巽四斜方也。進退顧盼定即水火金木土也。

十三勢歌訣

十三總勢莫輕視，命意源頭在腰隙。

變轉虛實需留意，氣遍身軀不少滯。

靜中觸動動尤靜，因敵變化示神奇。

勢勢揆心須用意，得來不覺費功夫。

刻刻留心在腰間，腹內鬆淨氣騰然。

尾閭中正神貫頂，滿身輕利頂頭懸。

仔細留心向推求，屈伸開合聽自由。

入門引路需口授，工夫無息法自休。

若言體用何為準，意氣君來骨肉臣。

想推用意終何在，益壽延年不老春。

歌兮歌兮百卅字，字字真切義無遺。

若不向此推求去，枉費工夫貽歎息。

十三勢行功心解

以心行氣，務令沉著，乃能收斂入骨。以氣運身，務令順遂，乃能便利從心。精神提得起，則無遲重之虞，所謂頂頭懸也。意氣須換得靈，乃有圓活之妙，所謂變轉虛實也。發勁須沉著鬆淨專主（注）一方。立身須中正安舒撐支八面。行氣如九曲珠，無微不到。運勁如百煉鋼，何堅不摧。形如搏兔之鵠，神如捕鼠之貓。靜如山岳，動若江河。蓄勁如張弓，發勁如放箭。曲中求直，蓄而後發。力由脊發，步隨身換。收即是放，放即是收，斷而復連，往復須有折疊，進退須有轉換。

歌訣七

極柔即剛極虛靈，運若抽絲處處明。

開展緊湊乃縝密，待機而動如貓行。

極柔軟然後極堅剛，能呼吸然後能靈活。氣以直養而無害，勁以曲蓄而有餘。心為令，氣為旗，腰為纛。先求開展，後求緊湊，乃可臻於縝密矣。

又曰：先在心，後在身。腹鬆淨，氣斂入骨，神舒體靜，刻刻在心。切記一動無有不動，一靜無有不靜。牽動往來氣貼背後，斂入脊骨。內固精神，外示安逸❸。邁步如貓行，運勁如抽絲。全身意在精神，不在氣。有氣者無力，無氣者純剛。氣如若車輪，腰似車軸。似鬆非鬆，將展未展。勁斷意不斷，藕斷絲亦連。

氣貼背後，斂入脊骨，靜動全身，意在蓄神，不在聚氣，在氣則滯。內三合與外三合。❹

姜容樵在《太極拳講義》末有：「以上原文相傳為王宗岳著。余與姚君馥春得乾隆時之抄本，復得光緒初年之木板書，與近世所傳者大同小異，其理與法則一耳。」

另有一七言六句打手歌，據傳為王宗岳所作，另列於後。

打手歌

掤挒擠按須認真，上下相隨人難進。

任他巨力來打我，牽動四兩撥千斤。

引進落空合即出，粘連黏隨不丟頂。

　　以上王宗岳拳譜為形意八卦名家許占鰲先生於清末民初得自好友陳公延熙者。陳延熙先生乃陳家溝著名太極拳宗師陳長興之嫡孫，其父陳耕耘亦是陳氏太極明家。陳延熙先生曾在天津教拳，與許占鰲先生相交莫逆，以太極拳要訣相贈，許占鰲先生因此得太極拳大略，並傳其弟子湯士林。湯士林與姚馥春、姜容樵志趣相投，並傳太極拳於姚、姜二君。

　　1929年，姚馥春、姜容樵二位先生著《太極拳講義》一書，使此拳譜得以面世，又有山西科學技術出版社於2000年8月再版此書，令吾有幸得見此譜全貌。後求證於吾師楊文笏先生（楊師乃陳照奎先生弟子，照奎公得其父陳發科宗師嫡傳，而陳公延熙正是發科公之父），楊師言陳延熙先生曾在天津授拳，並說當時袁世凱之子曾從學於延熙公。特記此以備考。

　　此文將一些常見的經典拳論歸入七首歌訣的注解中，特別是通常認為獨立成篇的《太極拳論》也成為此處歌訣注解的部分內容。

　　從文理來看，這個可能是存在的，如將「察四兩撥千斤之句，顯非力勝」這樣的句子當作對含有「四兩撥千斤」字句歌訣的解釋，顯得更為合理。另外，所有的歌訣中都未出現「太極」字樣，而含有「十三勢」名稱及其內容。故可以理解為七首歌訣流傳的年代可能更早一些，而傳承者在為歌訣做注釋的時候引入了周敦頤《太極圖說》的語句，從而將此拳與太極聯繫起來。

　　又，萇乃周於乾隆年間曾訪陳家溝，見陳氏十二世陳

繼夏（見陳鑫著《陳氏太極拳圖說‧陳氏家乘》陳繼夏跌
莧三宅故事，其中莧三宅即莧乃周），其《莧氏武技書》
中的「彼不動，己不動，彼欲動，我先動」「借力使力」
「後發先至」等太極拳要訣，可作為其曾見過太極拳類功
夫的參考。

---

❶ 原文「胃音」於文義不通，在此處之意不可理解。上文第二句
的「束烈」應為「束肋」，為大多數習練者所認可。而「胃音」從字
形相似傳抄錯誤的可能看，「胃」字有可能是「胸」字，「胸」的異
體字有寫成上「凶」下「月」的，與「胃」字形近。而「胸音」比
「胃音」似乎更好理解。但筆者從太極拳練習實踐經驗看，似乎作
「胸背」更為恰當。根據下文「兩捶爭」，如能做到沉肩墜肘，兩捶
的爭勁當體現在背和胸的開勁上。故在此大膽假設「胃音」當為「背
膺」。「膺」之意為「胸」或者「承擔」。「胃音」可能是口耳相傳
後記錄下的近音字。一隅之見，特留此備考，還請方家指正。

❷ 自「二十字訣」至「拳打立根」一段，原文在「十三勢行功心
解」之前，而此處「十三勢」「十三勢歌訣」與「十三勢行功心解」
文義貫串，所以這段文字不應在「十三勢行功心解」之前，故提至
「十三勢」之前，順接「長拳者……」以闡述長拳用法似更合理。

❸ 「內固精神，外示安逸」出自東漢趙曄《吳越春秋‧勾踐陰謀
外傳》之「越女論劍」，原文為「內實精神，外示安儀」。

❹ 自「氣貼背後」至「內三合」一段原文本在「十三勢歌訣」之
後，割裂了十三勢相關諸篇次序，使文義突兀，而其內容與「歌訣
七」的解釋相一致，故調整位置到「歌訣七」釋文中，茲存此待考。

陳式太極拳經論選編

拳經總歌❶

縱放屈伸人莫知，諸靠纏繞我皆依。
劈打推壓得進步，搬撂橫採也難敵。
鈎掤逼攬人人曉，閃驚巧取有誰知？
佯輸詐走誰云敗，引誘回衝致勝歸。
滾拴搭掃靈微妙，橫直劈砍奇更奇。
截進遮攔穿心肘，迎風接步紅炮捶。
二換掃壓掛面腳，左右邊簪莊根腿。
截前壓後無縫鎖，聲東擊西要熟識。
上籠下提君須記，進攻退閃莫遲遲。
藏頭蓋面天下有，攢心剁肋世間稀。
教師不識此中理，難將武藝論高低。

太極拳十大要論❷

一理第一

夫物散必有統，分必有合。天地間，四面八方，紛紛

者各有所屬，千頭萬緒，攘攘者必有其源。蓋一本可散為萬殊，而萬殊咸歸於一本。拳術之學，亦不外此公例。

夫太極拳者，千變萬化，無往非勁。勢雖不侔，而勁歸於一。夫所謂一者，自頂至足，內有臟腑筋骨，外有肌膚皮肉，四肢百骸相聯而為一者也。破之而不開，撞之而不散。上欲動而下自隨之，下欲動而上自領之，上下動而中部應之，中部動而上下和之。內外相連，前後相需。所謂一以貫之者，其斯之謂與！

而要非勉強以致之襲焉！而為之也，當時而動，如龍如虎，出乎爾而急如電閃。當時而靜，寂然湛然，居其所而穩如山岳。且靜無不靜，表裏上下，全無參差牽掛之意，動無不動，前後左右，均無游疑抽扯之形。洶乎若水之就下，沛然莫能禦之也。若火機之內攻，發之而不及掩耳。不暇思索，不煩擬議，誠不期然而已然。

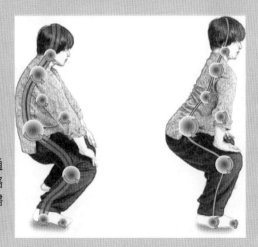

百骸筋節貫通
上下表裏聯絡
四肢百骸終歸
於一氣

蓋勁以積日而有益，功以久練而後成。觀聖門一貫之學，必俟多聞強識，格物致知，方能有功。是知事無難易，功惟自進，不可躐等，不可急就，按步就序，循序漸進。夫而後百骸筋節自相貫通，上下表裏不難聯絡，庶乎散者統之，分者合之，四肢百骸終歸於一氣矣！

二氣第二

天地間未有一往而不返者，亦未常有直而無曲者矣。蓋物有對待，勢有回還，古今不易之理也。常有世之論捶者，而兼論氣者矣。夫主於一，何分為二？所謂二者，即呼吸也，呼吸即陰陽也。捶不能無動靜，氣不能無呼吸。呼則為陽，吸則為陰，上升為陽，下降為陰，陽氣上升而為陽，陽氣下行而為陰，陰氣上升即為陽，陰氣下行仍為陰，此陰陽之所以分也。何謂清濁？升而上者為清，降而下者為濁，清者為陽，濁者為陰，然分而言之為陰陽，渾而言之統為氣。氣不能無陰陽，即所謂人不能無動靜，鼻不能無呼吸，口不能無出入，而所以為對待、回還之理也。然則氣分為二，而貫於一，有志於是途者，甚勿以是為拘拘焉耳。

三節第三

夫氣本諸身，而身節部甚繁，若逐節論之，則有遠乎拳術之宗旨，惟分為三節而論，可謂得其截法。三節：上、中、下，或根、中、梢也。

以一身言之：頭為上節，胸為中節，腿為下節。

以頭面言之：額為上節，鼻為中節，口為下節。

以中身言之：胸為上節，腹為中節，丹田為下節。

以腿言之：胯為根節，膝為中節，足為梢節。

以臂言之：膊為根節，肘為中節，手為梢節。

以手言之：腕為根節，掌為中節，指為梢節。

觀於此，而足不必論矣。然則自頂至足，莫不各有三節也。要之，即莫非三節之所，即莫非著意之處。蓋上節不明，無依無宗。中節不明，滿腔是空。下節不明，顛覆必生。由此觀之，身三節部，豈可忽也！至於氣之發動，要從梢節起，中節隨，根節催之而已。此固分而言之。若合而言之，則上自頭頂，下至足底，四肢百骸，總為一節，夫何為三節之有哉！又何三節中之各有三節云乎哉！

四梢第四

試於論身之外，而進論四梢。夫四梢者，身之餘緒也。言身者初不及此，言氣者亦所罕聞，然捶以由內而發外，氣本諸身而發梢，氣之為用，不本諸身，則虛而不實，不行於梢則實而仍虛。梢亦可弗講乎？若手、指、足特論身之梢耳，而未及梢之梢也。

四梢惟何？髮其一也，夫髮之所系，不列於五行，無關於四體，是無足論矣，然髮為血之梢，血為氣之海，縱不本諸發而論氣，要不可離乎血以生氣，不離乎血，即不得不兼乎髮。髮欲衝冠，血梢足矣！

抑舌為肉之梢，而肉為氣之囊，氣不能行諸肉之梢，即氣無以充其氣之量，故必舌欲催齒，而肉梢足矣！

至於骨梢者，齒也。筋梢者，指甲也。氣生於骨而聯於筋，不及乎齒，即不及乎骨之梢。不及乎指甲，即不及乎筋之梢。而欲足爾者，要非齒欲斷筋，甲欲透骨不能也。果能如此，則四梢足矣。

四梢足，而氣自足矣，豈復有虛而不實、實而仍虛之弊乎！

五臟第五

夫捶以言勢，勢以言氣。人得五臟以成形，即由五臟而生氣。五臟實為性命之源，生氣之本，而名為心、肝、脾、肺、腎也。心屬火，而有炎上之象。肝屬木，而有曲直之形。脾屬土，而有敦厚之勢。肺屬金，而有從革之能。腎屬水，而有潤下之功。此乃五臟之義而猶準之於氣，皆有所配合焉。凡世之講拳術者，要不能離乎斯也。

其在於內，胸廓為肺經之位，而肺為五臟之華蓋，故肺經動，而諸臟不能不動也。兩乳之中為心，而肺抱護之。肺之下，膈之上，心經之位也。心為君，心火動，而相火無不奉命焉。而兩乳之下，右為肝，左為脾，背之十四骨節為腎。至於腰，為兩腎之本位，而腎為先天之第一，又為諸臟之根源。故腎氣足，則金、木、水、火、土無不各顯生機焉。此論五臟之部位也。

然五臟之存乎內者，各有定位，而見於身者，亦有專屬，但地位甚多，難以盡述，大約身之所系，中者屬心，窩者屬肺，骨之露處屬腎，筋之聯處屬肝，肉之厚處屬脾。想其意：心如猛，肝如箭，脾之力大甚無窮，肺經之

位最靈變，腎氣之動快如風。是在當局者自為體驗，而非
筆墨所能盡罄者也。

三合第六

五臟既明，再論三合，夫所謂「三合」者，心與意
合，氣與力合，筋與骨合，內三合也。手與足合，肘與膝
合，肩與胯合，外三合也。若以左手與右足相合，左肘與
右膝相合，左肩與右胯相合，右三與左亦然。以頭與手
合，手與身合，身與步合，孰非外合！心與目合，肝與筋
合，脾與肉合，肺與身合，腎與骨合，孰非內合！然此特
從變而言之也。

總之，一動而無不動，一合而無不合，五臟百骸悉在
其中矣。

六進第七

既知三合，猶有六進。夫六進者何也？頭為六陽之
首，而為周身之主，五官百骸莫不體此為向背，頭不可不
進也！手為先鋒，根基在膊，膊不進，則手卻不前矣，是
膊亦不可不進也！氣聚於腕，機關在腰，腰不進則氣餒，
而不實矣，此所以腰貴於進者也！意貫周身，運動在步，
步不進而意則索然無能為矣，此所以必取其進也！以及上
左必進右，上右必進左，共為六進。

此六進者，孰非著力之地歟！要之，未及其進，合周
身毫無關動之意。一言其進，統全體全無抽扯之形，六進
之道，如是而已！

身法第八

夫發手擊敵，全賴身法之助，身法維何？縱、橫、高、低、進、退、反、側而已。

縱，則放其勢，一往而不返。
橫，則理其力，開拓而莫阻。
高，則揚其身，而身有增長之意。
低，則抑其身，而身有攢促之形。

當進則進，殫其力而勇往直前。當退則退，速其氣而回轉扶勢。至於反身顧後，後即前也。側顧左右，左右惡敢當我哉！而要非拘拘焉，而為之也。察夫人之強弱，運乎己之機關，有忽縱而忽橫，縱橫因勢而變遷，不可一概而推。有忽高而忽低，高低隨時以轉移，豈可執一而論。時而宜進，不可退，退以餒其氣。時而宜退，即以退，退以鼓其進。是進固進也，即退亦實以助其進。若反身顧後。而後不覺其為後。側顧左右，而左右不覺其為左右。總之，觀在眼，變化在心，而握其要者，則本諸身。身而前，則四體不命而行矣。身而怯，則百骸莫不冥然而處矣。身法，顧可置而不論乎！

步法第九

今夫四肢百骸主於動，而實運以步。步者乃一身之根基，運動之樞紐也。以故應戰、對戰，本諸身。而所以為

身之砥柱者，莫非步。隨機應變在於手。而所以為手之轉移者，又在於步。進退反側，非步何以作鼓動之機，抑揚伸縮，非步何以示變化之妙。即謂「觀察在眼、變化在心」，而轉彎抹角，千變萬化，不至窮迫者何？莫非步之司命，而要非勉強可致之也。

動作出於無心，鼓舞出於不覺。身欲動，而步以為之周旋。手將動而步亦早為之催迫。不期然而已然，莫之驅而若驅，所謂「上欲動而下自隨之」，其斯之謂歟！且步分前後，有定位者，步也。無定位者，亦步也。如前步進，而後步亦隨之，前後自有定位也。若前步作後步，後步作前步，更以前步作後步之前步，後步作前步之後步，前後亦自有定位矣。

總之，捶以論勢而握要者，步也。活與不活，在於步，靈與不靈亦在於步。步之為用大矣哉！

剛柔第十

夫拳術之為用，氣與勢而已矣！然而氣有強弱，勢分剛柔。氣強者取乎勢之剛，氣弱者取乎勢之柔。剛者以千鈞之力而扼百鈞，柔者以百鈞之力而破千鈞。尚力尚巧，剛柔之所以分也。

然剛柔既分，而發用亦自有別，四肢發動，氣行諸外而內持靜重，剛勢也。氣屯於內而外現輕和，柔勢也。用剛不可無柔，無柔則環繞不速。用柔不可無剛，無剛則催逼不捷，剛柔相濟，則粘、游、連、隨、騰、閃、折、空、掤、捋、擠、捺。無不得其自然矣。剛柔不可偏用，

用武豈可忽耶。

太極拳總論❸

　　純陰無陽是軟手，純陽無陰是硬手。
　　一陰九陽根頭棍，二陰八陽是散手。
　　三陰七陽猶覺硬，四陰六陽顯好手。
　　惟有五陰並五陽，陰陽無偏稱妙手。
　　妙手一著一太極，空空跡化歸烏有。

　　每一勢拳往往數千言不能罄其妙，一經現身說法，甚覺容易，所難者工夫，所尤難者長久工夫！諺有曰：「拳打萬遍，神理自現。」信然！

太極拳纏絲精論❹

　　太極拳，纏絲法也。

　　進纏，退纏，左右纏，上下纏，裏外纏，大小纏，順逆纏，而要莫非即引即纏，即進即纏。不能各是各著。若各是各著，非陰陽互為其根也。

　　世人不知，皆目為軟手，是以外面視之，皆跡象也。若以神韻論之，交手之際，剛柔並用，適得其中，非久於其道者不能澈其底蘊。

　　兩肩髃❺下，兩肘沉下，秀若處女見人，肆若猛虎下山。手即權衡，稱物而知其輕重。打拳之道，吾心中自有

權衡。因他之進退緩急，而以吾素練之精神臨之，是無形之權衡也。以無形之權衡，權有形之跡象，宜輕宜重，而以兩手斟酌，適得其當，斯為妙手。

❶ 最早見於《陳氏兩儀堂太極拳譜》，唐豪考證為陳王廷所作。從其中詞句看，其脫胎於明代戚繼光《紀效新書·拳經捷要篇》中的三十二式歌訣的痕跡甚濃。戚氏拳經歌訣中有「倒騎龍詐輸佯走，誘追入遂我回衝」「恁伊勢固手風雷，怎當我閃驚巧取」等，而在陳氏拳歌中俱有明顯的與之對應的詞句。故可知，戚繼光採百家之長而成的練兵之拳經是被當作陳式太極拳創編的重要參考的。

❷ 此《太極拳十大要論》傳為陳長興所著，從其行文可明顯看出宋明理學經典和中醫《黃帝內經》的影子，前九要內容與託名岳飛的心意拳《九要論》大致相同而有所簡略，惟《剛柔第十》為陳氏新增，並能體現太極拳特色。心意拳、太極拳之理相通之處甚多，故練用之道理大約可互通也。另從萇乃周曾訪陳家溝，並得太極拳論精粹可知，前輩拳家換藝交流本亦尋常。秘技自珍，不得其人不輕傳，實為敬其所學，而非純為保守云。

❸ 出自陳鑫《陳氏太極拳圖說》。其以剛柔權衡論太極功夫次第，闡陰陽相濟之要。其非單論理論，實乃述身體力行之切身感受也，可為考察太極拳習練火候之參照。

❹ 此亦出自陳鑫《陳氏太極拳圖說》。纏絲法為陳式太極拳特色。而楊家之後，拳家多用抽絲喻之。二者外形雖有差異，而內在並無不同，無非練習次第由繁入簡，由博歸約而已矣。

❺ 嚲：同「軃」，讀作「朵」，為下垂之意。有改作「鬆」者，意有差別，故存原文。

武禹襄太極拳論選

太極拳解

身雖動，心貴靜。氣須斂，神宜舒。心為令，氣為旗。神為主帥，身為驅使。刻刻留意，方有所得。先在心，後在身。在身，則不知手之舞之，足之蹈之，所謂「一氣呵成」「捨己從人」「引進落空」「四兩撥千斤」也。

須知：一動無有不動，一靜無有不靜。視動猶靜，視靜猶動。內固精神，外示安逸。須要從人，不要由己。從人則活，由己則滯。尚氣者無力，養氣者純剛。

彼不動，己不動，彼微動，己先動。以己依人，務要知己，乃能隨轉隨接。以己黏人，必須知人，乃能不後不先。

精神能提得起，則無遲重之虞。黏依能跟得靈，方見落空之妙。往復須分陰陽，進退須有轉合。機由己發，力從人借。發勁須上下相隨，乃能一往無敵。立身須中正不偏，方能八面支撐。靜如山岳，動若江河。邁步如臨淵，運勁如抽絲，蓄勁如張弓，發勁如放箭。

行氣如九曲珠，無微不到。運勁如百煉鋼，何堅不摧？形如搏兔之鶻，神似捕鼠之貓。曲中求直，蓄而後發。收即是放，連而不斷。極柔軟，然後能極堅剛。能黏

纏絲圖

依，然後能靈活。氣以直養而無害，勁以曲蓄而有餘。漸至物來順應，是亦知止能得矣！

十三勢說略

每一動，惟手先著力，隨即鬆開。猶須貫串一氣，不外起、承、轉、合。始而意動，既而勁動，轉接要一線串成。

氣宜鼓盪，神宜內斂。勿使有缺陷處，勿使有凹凸處，勿使有斷續處。其根在腳，發於腿，主宰於腰，形於手指。由腳而腿而腰，總須完整一氣，向前退後，乃能得機得勢，有不得機得勢處，身便散亂，必至偏倚，其病必於腰腿求之。上下、前後、左右皆然。

凡此皆是意，不是外面。有上即有下，有前即有後，有左即有右。如意要向上，即寓下意。若將物掀起，而加

以挫之之力，斯其根自斷，乃壞之速而無疑。

虛實宜分清楚，一處自有一處虛實，處處總有此一虛實。周身節節貫串，勿令絲毫間斷。

十三勢行功要解

以心行氣務沉著，乃能收斂入骨，所謂「命意源頭在腰隙」也。意氣須換得靈，乃有圓活之趣，所謂「變轉虛實須留意」也。

立身中正安舒，支撐八面。行氣如九曲珠，無微不到，所謂「氣遍身軀不稍滯」也。發勁須沉著鬆靜，專注一方，所謂「靜中觸動動猶靜」也。往復須有折疊，進退須有轉換，所謂「因敵變化示神奇」也。

曲中求直，蓄而後發，所謂「勢勢存心揆用意」❶，「刻刻留心在腰間」也。精神能提得起，則無遲重之虞，所謂「腹內鬆靜氣騰然」也。

虛領頂勁，氣沉丹田，不偏不倚，所謂「尾閭中正神貫頂，滿身輕利頂頭懸」也。以氣運身，務順遂，乃能便利從心，所謂「屈伸開合聽自由」也。心為令，氣為旗，神為主帥，腰為驅使，所謂「意氣君來骨肉臣」也。

四字秘訣

敷：敷者，運氣於己身，敷布彼勁之上，使不得動也。

蓋：蓋者，以氣蓋彼來處也。

對：對者，以氣對彼來處，認定準頭而去也。

吞：吞者，以氣全吞而入於化也。

此四字無形無聲，非懂勁後，練到極精地位者，不能知全。是以氣言，能直養其氣而無害，始能施於四體。四體不言而喻矣！

身法八要

涵胸、拔背，裹襠、護肫❷，提頂、吊襠❸，鬆肩、沉肘。

---

❶「勢勢存心揆用意」，在王宗岳傳十三勢歌訣裡為「勢勢揆心須用意」。其中「揆」的意思為揣度。以上兩種說法細究起來略有差別，「勢勢存心揆用意」偏重於用心揣度拳勢本身的意氣分佈和走向；而「勢勢揆心須用意」更偏重於用心揣度先賢創拳的立意。但在實際操作上，二者都要求練拳要用心琢磨。

❷「護肫」的「肫」字讀作「諄」，意為禽類的胃部。而很多人誤以為其為「臀」之異體字。「護肫」意為護住前面中線，而「護臀」則不知所云，此處須留心。

❸「吊襠」的「吊」在具體實踐上有上提之意。前文王宗岳注《歌訣一》時有「提頂調襠，心中力量」，其中的「調」字愚以為應為「調整」的「調」。故二者並非同音異字。

李亦畬太極拳論選

五字訣❶

一曰心靜：心不靜則不專，一舉手前後左右全無定向，故要心靜。起初舉動未能由己，要息心體認，隨人所動，隨曲就伸，不丟不頂，勿自伸縮。彼有力，我亦有力，我力在先。彼無力，我亦無力，我意仍在先。要刻刻留意，挨何處，心要用在何處，須向不丟不頂中討消息。從此做去，一年半載，便能施於身。此全是用意，不是用勁。久之，則人為我制，我不為人制矣！

二曰身靈：身滯則進退不能自如，故要身靈。舉手不可有呆像，彼之力方礙我皮毛，我之意已入彼骨內。兩手支撐，一氣貫串。左重則左虛，而右已去。右重則右虛，而左已去。氣如車輪，周身俱要相隨，有不相隨處，身便散亂，便不得力，其病於腰腿求之。先，以心使身，從人不從己。後，身能從心，由己仍是從人。由己則滯，從人則活。能從人，手上便有分寸，秤彼勁之大小，分厘不錯。權彼來之長短，毫髮無差。前進後退，處處恰合，功彌久而技彌精矣！

三曰氣斂：氣勢散漫，便無含蓄，身易散亂，務使氣

斂入脊骨，呼吸通靈，周身罔間。吸為合、為蓄，呼為開、為發。蓋吸則自然提得起、亦拿得人起，呼則自然沉得下、亦放得人出。此是以意運氣，非以力使氣也！

四曰勁整：一身之勁，練成一家。分清虛實，發勁要有根源。勁起於腳跟，主於腰間，形於手指，發於脊骨。又要提起全副精神，於彼勁將發未發之際，我勁已接入彼勁。恰好不先不後，如皮燃火，如泉湧出。前進後退，無絲毫散亂。曲中求直，蓄而後發，方能隨手奏效。此謂「借力打人」「四兩撥千斤」也！

五曰神聚：上四者俱備，總歸神聚。神聚，則一氣鼓鑄，煉氣歸神，氣勢騰挪，精神貫注，開合有致，虛實清楚。左虛則右實，右虛則左實。虛，非全然無力，氣勢要有騰挪。實，非全然占煞，精神要貴貫注。緊要全在胸中、腰間變化，不在外面。力從人借，氣由脊發。胡能氣由脊發？氣向下沉，由兩肩收入脊骨，注於腰間，此氣之由上而下也，謂之「合」。由腰形於脊骨，布於兩膊，施於手指，此氣之由下而上也，謂之「開」。合便是收，開即是放。能懂開合，便知陰陽。到此地位，功用一日，技精一日，漸至從心所欲，罔不如意矣！

走架打手行工要言

昔人云：能引進落空，能四兩撥千斤。不能引進落空，不能四兩撥千斤。語甚概括，初學末由領悟，予加數語以解之。俾有志斯技者，得所從入，庶日進有功矣！

　　欲要引進落空，四兩撥千斤，先要知己知彼。欲要知己知彼，先要捨己從人。欲要捨己從人，先要得機得勢。欲要得機得勢，先要周身一家。欲要周身一家，先要周身無有缺陷。欲要周身無有缺陷，先要神氣鼓盪。欲要神氣鼓盪，先要提起精神，神不外散。欲要神不外散，先要神氣收斂入骨。欲要神氣收斂入骨，先要兩股前節有力，兩肩鬆開，氣向下沉。勁起於腳跟，變換在腿，含蓄在胸，運動在兩肩，主宰在腰。上於兩膊相繫，下於兩胯、兩腿相隨。勁由內換，收便是合，放即是開。靜則俱靜，靜是合，合中寓開。動則俱動，動是開，開中寓合。觸之則旋轉自如，無不得力，才能引進落空，四兩撥千斤。

　　平日走架，是知己工夫。一動勢，先問自己周身合上數項不合，少有不合，即速改換。走架所以要慢，不要快。打手，是知人工夫。動靜固是知人，仍是問己。自己要安排得好，人一挨我，我不動彼絲毫，趁勢而入，接定彼勁，彼自跌出。如自己有不得力處，便是雙重未化，要於陰陽開合中求之，所謂「知己知彼，百戰百勝」也！

　　胞弟啟軒嘗以球譬之：如置球於平坦，人莫可攀躋，強臨其上，向前用力則後跌，向後用力則前跌。譬喻甚明，細揣其理，非「捨己從人」「一身一家」之明證乎？得此一譬，「引進落空」「四兩撥千斤」之理，可盡人而明矣！

撒放密訣

擎：擎起彼勁借彼力（中有「靈」字）。

引：引到身前勁始蓄（中有「斂」字）。

鬆：鬆開我勁勿使屈（中有「靜」字）。

放：放時腰腳認端的（中有「整」字）。

擎、引、鬆、放四字，有四不能：腳手不隨者不能，身法散亂者不能，一身不成一家者不能，精神不團聚者不能。欲臻此境，須避此病。不然，雖終身由之，究莫明其精妙矣！

敷字訣解

「敷」，所謂「一言以蔽之」也。人有不習此技而獲聞此訣者，無心而白於餘。始而不解，及詳味之，乃知「敷」者，包獲周匝，「人不知我，我獨知人」。氣雖尚在自己骨裏，而意恰在彼皮裏膜外之間。所謂「氣未到而意已吞」也。妙絕！妙絕！

---

❶ 所謂五字訣，實為武禹襄《太極拳解》之總結和精煉，可對照觀之。觀李亦畬先生其餘幾篇拳論，蓋不出五字訣範疇。「靜」「靈」「斂」「整」「聚」五字，實由外而內，積功累氣，水到渠成，功夫不到，勉強求之，則空得一、二字必失其餘也。五字訣，撒放四字，皆水到渠成，用功之久方能得之，一字成而餘字皆成，如此方能致用而無不效也。最末所言之「敷」字絕妙，得「敷」字而「蓋」「對」「吞」字俱備也。

楊式太極拳經論選編

沾黏連隨

沾者，提上拔高之謂也。

黏者，留戀繾綣之謂也。

連者，捨己無離之謂也。

隨者，彼走此應之謂也。

要知人之知覺運動，非明沾黏連隨不可，斯沾黏連隨之功夫，亦甚細矣。

頂匾丟抗❶

頂者，出頭之謂也。

匾者，不及之謂也。

丟者，離開之謂也。

抗者，太過之謂也。

要知於此四字之病，不但沾黏連隨之功斷，且不明知覺運動也。初學對手，不可不知也。更不可不去此病。所難者沾黏連隨，而不許頂匾丟抗，是所不易也！

亂環訣

亂環術法最難通，上下隨合妙無窮。陷敵深入亂環內，四兩千斤著法成。

手腳齊進橫豎找，掌中亂環落不空。欲知環中法何在，發落點對即成功。

陰陽訣❷

太極陰陽少人修，吞吐開合問剛柔。正隅收放任君走，動靜變化何須愁。

生剋二法隨著用，閃進全在動中求。輕重虛實怎的是，重裏現輕勿稍留。

十八在訣

掤在兩臂，捋在尺中，擠在手背，按在腰攻，採在十指，挒在兩肱，肘在曲使，靠在肩胸。進在雲手，退在轉肱，顧在三前，盼在七星，定在有隙，中在得橫。滯在雙重，通在單輕。虛在當守，實在必衝。

八要❸

掤要撐，捋要輕，擠要橫，按要攻，採要實，挒要

驚，肘要衝，靠要崩。

八法秘訣❹

掤勁義何解？如水負舟行。先實丹田氣，次要頂頭懸。全體彈簧力，開合一定間。任有千斤重，飄浮亦不難。

捋勁義何解？引導使之前。順其來勢力，輕靈不丟頂。力盡自然空，丟擊任自然。重心自維持，莫為他人乘。

擠勁義何解？用時有兩方。直接單純意，迎合一動中。間接反應力，如球撞壁還。又如錢投鼓，躍然擊鏗鏘。

按勁義何解？運用如水行。柔中寓剛強，急流勢難當。

---

❶「頂匾丟抗」亦作「丟匾頂抗」，為接手或推手四病。拳論所謂「雙重之病未悟」，不明黏隨，不知走化是也。一接外力，即以「非關學力之能」應對，上下不相隨，拙力努勁，寒肩歪斜，此皆為練拳病之表現。練拳時還當從拳架規矩上下工夫，做到上盤虛靈、中盤鬆活、下盤沉穩，此為太極拳架入門之要求，得此則離「沾黏連隨」不遠矣。學者當用心揣摩。

❷《亂環訣》與《陰陽訣》為楊班侯先生弟子牛連元所傳太極拳訣。此二訣頗妙，可為太極拳體用經典。

❸《十八在訣》和《八要》亦為楊班侯先生弟子牛連元所傳，為前輩練拳用功切身體會、感悟之言，可作為習練時的參考，但恐不可拘泥於文字。

❹此秘訣中，掤勁比喻甚妙，捋勁庶幾無差，其餘則無甚精妙處，可作為練拳階段性之參考。

遇高則膨滿，逢窪向下潛。波浪有起伏，有孔無不入。

採勁義何解？如權之引衡。任爾力巨細，權後知輕重。
轉移只四兩，千斤亦可平。若問理何在，槓桿之作用。

挒勁義何解？旋轉若飛輪。投物於其上，脫然擲丈尋。
君不見漩渦，捲浪若螺紋，落葉墮其上，倏爾便沉淪。

肘勁義何解？方法有五行。陰陽分上下，虛實須辨清。
連環勢莫當，開花捶更凶。六勁融通後，運用始無窮。

靠勁義何解？其法分肩背。斜飛勢用肩，肩中還有背。
一旦得機勢，轟然如搗碓。仔細維重心，失中徒無功。

宋書銘傳抄
太極拳譜選

周身大用論

一要心性與意靜，自然無處不輕靈。
二要遍體氣流行，一定繼續不能停。
三要猴頭永不拋，問盡天下眾英豪❶。
如詢大用緣何得？表裏精粗無不到。

十六關要論❷

活潑於腰,靈機於頂,神通於背,(不使氣)❸流行於氣。

行之於腿,蹬之於足,運之於掌,足❹之於趾。

斂之於髓,達之於神,凝之於耳,息之於鼻。

呼吸往來於口,縱之於膝,渾噩一身,全體發之於毛。

授秘歌❺

無形無象(忘其有己),全體透空(內外如一),

應物自然(隨心所欲),西山懸磬(海闊天空),

虎吼猿鳴(鍛鍊陰精),水清河靜(心死神活),

翻江播海(氣血流動),盡性立命(神充氣足)。

無極歌❻

無形無象無紛拏,一片神形至道誇。

參透虛無根蒂固,渾渾沌沌樂無涯。

太極歌❼

太極原生無極中,混元一氣感斯通。

先天逆運隨機變,萬象包羅易理中。

❶「猴頭」通「喉頭」。下頷微收，頭頂豎直，虛靈頂勁始終不丟，是為「順項貫頂兩膀鬆」。其與王宗岳所傳《十三勢歌》中「尾閭中正神貫頂，滿身輕利頂頭懸」之意相同。精神能提得起，則可與天下英豪比肩也。

❷ 此《十六關要論》略論人身之關節竅要。「活潑於腰，靈機於頂，神通於背」之描述形神俱足，可稱絕妙！

❸「不使氣」三字可參照王宗岳所傳拳譜中的「氣貼背後，斂入脊骨，靜動全身，意在蓄神，不在聚氣，在氣則滯」。氣是流行之媒介，而非可有意使用之形質。

❹「足之於趾」之「足」當為貫注充足之足，而非手足之足。

❺《授秘歌》相傳為李道子所授太極修煉秘訣。當為偽託，其內容應來自某丹經口訣。括弧內為注解，不知何人所加，此歌訣及注解都採用了一些有關內外丹修煉的隱語，這種隱語的方式在道家修行典籍中較為常見。隱喻式的口訣必須配上老師口傳心授的實際操作方法才能起到指導作用。

❻道家崇尚無極，此《無極歌》借《授秘歌》「無形無象」闡述無極之境界，詞句意境甚妙。

❼《太極歌》詞句的境界比《無極歌》差之甚遠，且其看起來對太極拳並無實質指導性作用，恐非太極拳修行有成者所作。

太極拳相關雜論歌訣

太極法說❶

天地即乾坤，伏羲為人祖。畫卦道有名，堯舜十六母。
微危允厥中，精一及孔孟。神化性命功，七二乃文武。
授之至子來，字著宣平許。延年藥在身，元善從復始。
虛靈能德明，理令氣形具。萬載詠長春，心兮誠真跡。
三教無兩家，統言皆太極。浩然塞而衝，方正千年立。
繼往聖永綿，開來學常續。水火既濟焉，願至戌畢字。

呂祖百字碑❷

養氣忘言守，降心為不為。動靜知宗祖，無事更尋誰？
真常須應物，應物要不迷。不迷性自住，性住氣自回。
氣回丹自結，壺中配坎離。陰陽生反覆，普化一聲雷。
白雲朝頂上，甘露灑須彌。自飲長生酒，逍遙誰得知。
坐聽無弦曲，明通造化機。都來二十句，端的上天梯。

---

❶ 此歌訣相傳為張三豐所傳，說明太極拳為許宣平所傳承，為道家修行之妙法。但文中實以儒家和宋明理學與道家相雜，又有意明言「三教無兩家」，過於刻意，與所謂「無形無象」「應物自然」境界並不相符。姑存此備考。

❷《呂祖百字碑》，應為道家修行法真意，為得道真人所留文字，可為太極拳修習者參考。

《黃帝內經》入體觀（上）

關於《黃帝內經》

在現代社會，選擇練習太極拳的人大多是為了身體健康。社會上經常流傳有某人得了很難治的病，因為練太極拳而痊癒的例子。那麼，太極拳真的能治百病嗎？太極拳和人的健康到底有怎樣的關係呢？

太極拳可以在人體自身能調整的範圍內發揮它的作用，順應身體本來的需要，把臟腑的功能調整到正常狀態。所以太極拳並不是專門針對病去治療的，且它本身並不能治病，但是透過練習太極拳，可以讓身體各部分的功能回到正確的軌道上來。

人體透過對原有偏差的糾正，慢慢地使臟腑功能恢復正常，從而將失去的平衡恢復過來。它也可以延緩疾病的進程，給專業的治療贏得時間。因此，太極拳可對人自身生命狀態進行調節。而在中國傳統文化中，這種生命狀態的調整是以儒釋道和中醫養生經典為依據來進行實踐的，而中醫養生經典對人的健康是有著最直接指導作用的。因此，本篇試著對中醫最重要的養生經典《黃帝內經》的一些典型篇章做一些解讀，以期在此基礎上對太極拳與健康的關係有一個更確切的理解。

《黃帝內經》成書年代大約是戰漢時期，距今2000多年。華夏大地大概在距今5000年以前就有較為成熟的文

長平之戰

明，商周時期中原文化進入較為成熟的青銅器時代。然後，華夏大地迎來春秋戰國這個思想文化空前開放和繁榮的時期。這個時期，產生了道家、儒家、墨家、兵家、陰陽家、法家、縱橫家等文化流派。所謂百家爭鳴，聖賢輩出，這個時期也是中國文化史的一個高峰。

　　《黃帝內經》是因為書中的主要內容被記錄成黃帝和

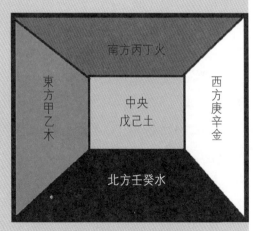

五行五色圖（彩圖見卷首）

岐伯的問答的形式而得名，並不是說這部經典就是黃帝留下來的。「黃帝」這個詞，在這裏既是實指又是虛指。實指的含義眾所周知，即指中華民族的祖先黃帝，我們可以認為，此書託名黃帝，以引起世人的重視。

虛指的含義又是什麼呢？黃帝的黃在五行中是中央戊己土的顏色。土所代表的方位是中央，所代表的顏色是黃色。黃帝的帝指能夠掌控的人。那麼黃帝的意思就是能夠掌控中央的人。所謂「內」就是指皮膚之內，人體內部的規律，所以《黃帝內經》就是能夠掌控人體中央核心功能的人講的關於人體內部規律的經典。

所以《黃帝內經》中的「黃帝」可以理解成上古中國最大的部落的首領；也可以理解成能夠掌控人的中央消化吸收功能的人。

大家都知道《黃帝內經》是中醫的經典。那麼為什麼會稱之為中醫？有人說，這是因為它是中國的醫術啊。中醫不僅僅指中國的醫術，而且指以調理中氣，從而保護人體消化吸收功能為核心的治療方法。

中醫的特點是以中為本。中醫用通經脈、調血氣的方式使人的臟腑功能恢復到無過且無不及的平衡狀態。

在這個意義上，如果有新產生的醫學也符合這個原則，那麼不論這個醫學出自哪個地域，形成於什麼時代，都可以被稱為中醫。中國的傳統文化是一種開放和包容的文化，中醫也是如此。

提到經典，我們經常會感覺到很頭疼，學習經典似乎是很枯燥乏味的事情。但是，如果這些章句，能夠在生活

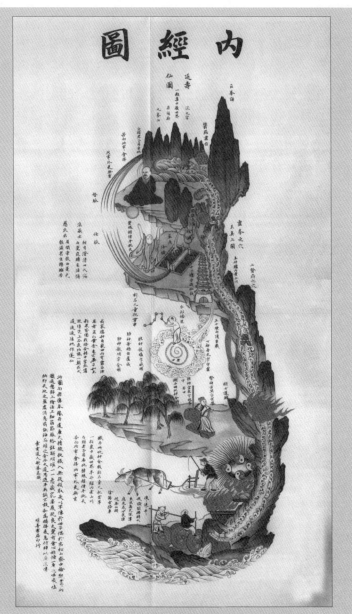

內經圖（彩圖見卷首）

中經常給人以啟發，且被印證，相信就會有很多人生起學習經典的興趣。限於篇幅和水準，在這裏只能簡略地選幾段《黃帝內經》中典型的章句來講。希望對這些內容的講解，能夠使大家大致地理解古代聖賢對生命的理解和對生命狀態偏差進行糾正的方法。

大家如果有進一步瞭解《黃帝內經》的興趣，可以找機會再進行深入的學習和探討。希望透過對有限的這幾章《黃帝內經》的學習，能大致構建一個傳統文化對人生命現象的某種體證認知模式，從而有助於我們對太極拳的深入研究和學習。

讀過《黃帝內經》的人會發現其經常會講到春夏秋冬、生長收藏、天地陰陽、四方五行，認為宇宙萬物都在其中。但是所謂「內」應該是講人體之內的，比如臟腑功能、氣血經脈等。為什麼講宇宙萬物、天地陰陽的經典要叫「內經」呢？中國傳統文化經典有一個共同的特點，就是善於用比喻。我們平時看不到，日常也接觸不到身體內部的那些規律，不能直觀地去理解它，而用一些外界常見的現象來打比方，比如以天地運行的規律來比喻臟腑功能運行規律、以可見的自然現象來講不可見的人體內在規律，就可以讓人很容易明白。

因此，讀《黃帝內經》不能僅知道其字面意思，還要瞭解文字背後對應的人體內部規律是什麼。

我們現在所見的《黃帝內經》分兩部，分別是《素問》和《靈樞》。這是《黃帝內經》在唐宋以後的狀態，《素問》之名最早見於東漢末年張仲景的《傷寒雜病論

序》。而《靈樞》名稱最早見於唐代王冰次注的《素問》。《靈樞》在唐代之前叫《針經》，到隋唐大部分篇章已經亡佚，現存的《靈樞》是南宋的版本。《黃帝內經》完整傳世版本成書於唐宋時期，但此前的很多醫家都曾引用裏面一些典型的章句，作為理論依據，其中最著名的就是張仲景。他在《傷寒雜病論序》中明確地說他自己「撰用《素問》《九卷》」。

現代人生活工作壓力大，醫療成本也高，對身體健康非常關注。因此，各類養生專家、各式養生理論很多。養生節目一度成為各電視臺的熱門節目，這些節目的內容也是形形色色的。但是如果在看完後，做理性地分析，就會發現專家們講的東西很多是似是而非的。有時候這位專家說要多出汗，因為出汗能排毒；而另一個專家又說要少出汗，因為出汗傷元氣。或者這個專家說吃這個好，另一個專家卻說吃這個有害。這些相互矛盾的說法讓老百姓無所適從。這些所謂的養生方法都是在枝節上下工夫，適用的範圍都是很有限的。支脈不是大道，我們要反推到根本上去。《論語・學而》有「君子務本，本立而道生」之語，養生也要抓住根本，而《黃帝內經》就是所有傳統養生理論的根本所在。

研讀《黃帝內經》全文是非常耗功夫的，但是其中有一些篇章對非中醫專業的我們瞭解人的生命結構和養生保健基本原則非常有用，並且也能和其他經典互相印證，指導太極拳的修習。在此，精選其中九篇，略作解讀，以為參考。

《素問·陰陽應象大論》以有形之象，說陰陽之義，釋陰陽之理；以天道之陰陽，合人道之陰陽；立陰陽應象之綱要，以觀人生命之根本。

《素問·上古天真論》以黃帝一生為例，說「上古天真」之理，雖言稱上古，實為人立身之準則。「上古天真」之境本無形，而人以衣食住行、為人處世等有形之事悟天真無形之理。故此一篇從大處著手，論「上古天真」之境，可為養生之總綱。

《素問·四氣調神大論》以春夏秋冬之四時規律，應生、長、收、藏之地氣而養生命之道，此為「上古天真」之四時應象。知病證之因，應在本季之前，故病成而藥，為時已晚。人生之四時運行，自有臟腑經脈各行其是，而真陽元氣，不可顯其有形之能以替代之。四時陰陽，為人生命之根本，從之則治，逆之則亂。

《靈樞·本神》從德流氣溥之天地生機取一份為個體之生命元精。先天生命之本為兩精相搏之神，魂、魄助之，則人先天生機具足。精、神、魂、魄俱全而顯象為心，心統意、志、思、慮層層積累而為後天之智。故以神為生命之本而心為人先後天之樞紐。

此一篇以天道廣延之生機應象為人個體之生命，以取自天道之生機而為個人先天之精、神、魂、魄，經心之樞轉通後天之意、志、思、慮而成智。

《素問·六微旨大論》講天道陰陽，其數為三三。三陰三陽之天數，成寒、熱、燥、濕、火、風六氣，此為因天之序，正立而待，可觀天之陰陽盛衰，以應人之六經功

能。天人之應，太陽少陰之寒熱，太陰陽明之濕燥，厥陰少陽之風火，可立人生命之綱領。而地氣五行之生長收藏，與天數六氣合之，即可成臟腑經脈氣血循行，此即為天地生人，人應天地之理。

《靈樞·經脈》講經脈將六經與臟腑功能連結在一起，具體實現生命各種功能。十二經中每一經都是合乎天地陰陽規律的，故健康狀態的經脈應該表現為渾然一體之太極無形之態。而文中描述具體而微的經脈循行線路，愚以為應是一些可以影響到經脈陰陽盛衰狀態的具象之點的集合。本身並非是經脈，而可以對經脈的狀態有一些有形的體現。

就如一些可顯示航空發動機工作狀態的感測器所探測和顯示的一些關鍵節點狀態參數，透過這些有形的參數，可以反應整個不可見的飛行推力系統的工作狀態，並且可以用一些方法透過改變這些節點的參數來影響發動機整體的運行模式。而這些可探測和改變的節點和感測器本身，並不是飛機的動力系統，而是這個動力系統的一種有形表現。

同樣，經脈在人體內是無所不在的，任何一個人體細胞都應該是六經俱備而生長收藏過程俱全的，因此，即使是單個細胞，也具有十二經脈的所有功能。在這個意義上，經脈本身的運行就不應該有確定的有形的路線。

而在此篇中的十二經脈循行路線，只有在全身無所不在的無形的經脈臟腑功能出現偏差的時候，才會有症狀顯現出來。我們可以透過對這些有形的點和線路的刺激來影

響和調節遍佈全身的無形的經脈系統。當我們用正確的方法，恢復了經脈臟腑的正常功能和狀態時，這些有形的路線和症狀也就復歸於無形。

這也可以類比我們用有形的動作和套路來練習無形的太極拳勢的行為。只要是有形有相的動作，就不是真正的太極拳。這些動作只是用來糾正身體正常功能偏差的方法，相當於給身體治病的藥物。身體狀況變化了，這些練習方法和著手之處也要有相應的變化，不可執著和拘泥。而只有將身體的不良習慣去掉，無形的太極之樹才能更好地在身體裏生長、開花和結果。

《素問‧靈蘭秘典論》論臟腑功能和國家各職能部門的相類關聯，治國理政須以人為本。國家組織形式和政令通達程度，如果和國民健康的臟腑功能相應，那麼，人民就可以安居樂業，而國家自可繁榮昌盛。如果國家的職能部門行使職能時不能達到「主明下安」「愚智賢不肖不懼於物」等與健康人的臟腑功能相應的狀態，那麼生活於其中的人民也相應地會生奇病，國家也會昏亂衰亡。故有「不為良相，願為良醫」，治人，治國之理為一。

《大學》「自天子以至於庶人，壹是皆以修身為本。其本亂，而末治者否矣。其所厚者薄，而其所薄者厚，未之有也」，以修身為齊家、治國、平天下之本。

故「黃帝曰：余聞精光之道，大聖之業，而宣明大道。非齋戒擇吉日，不敢受也。黃帝乃擇吉日良兆，而藏靈蘭之室，以傳保焉。」

《靈樞‧九針十二原》在以上諸篇知天地合德而生

人，人之陰陽五行，臟腑經脈各安其位，即可回歸上古天真境界，而因各種欲望所擾，人不可免於疾病困擾的基礎上，論此篇治病之原則。其雖言用針，實為以微針言中醫治病之準繩，須節用真陽元氣，找準轉換之樞機，如弓弩之獵，時空皆合而叩其機，一擊而中，簡捷而高效。而常見治病之法，為毒藥砭石，此雖能治病卻耗傷本元，貽害無窮。「知機之道者，不可掛以發」為本篇眼目，微針治病關竅盡在覓得「出入之會」處。

《靈樞·決氣》言人體有形之功能，亦不離真陽運行各方之表現，精、氣、津、液、血、脈亦為一氣所化之六形。後天五穀之吸收與運化相關功能各安其位，無貴賤之患，無善惡之別，亦可保身長全，頤養天年。

以上九篇，以「陰陽應象」為繩墨，「上古天真」為終始，「四氣調神」說地理，「六微旨大論」論天文，以「本神」通先、後天，以「經脈」應天地陰陽成臟腑經脈之形，「靈蘭秘典」論治國治人之通理，「九針」之微針言治病之樞機要訣，「決氣」再論自有形生命功能復歸「上古天真」無形之體。這些篇章可為《黃帝內經》之筋骨，太極拳養生之要義。

以下，擇要者詳解其中幾篇，以為「醫武相合，以身證道」之太極拳基礎理論依據。

上古本神微旨生

上古天真論

「昔在黃帝，生而神靈，弱而能言，幼而徇齊，
長而敦敏，成而登天。」

　　這句話來自《史記‧黃帝本紀》，原文是：「黃帝
者，少典之子，姓公孫，名曰軒轅。生而神靈，弱而能
言，幼而徇齊，長而敦敏，成而聰明。」這講的是黃帝這
個人在一生各時期表現出來的狀態。在這裏引用這句話，
一方面表明了《黃帝內經》中這一篇內容的寫成年代應該
在西漢司馬遷寫《史記》之後；另一方面，用黃帝這個完

黃帝駕車征戰圖（黃帝戰蚩尤）

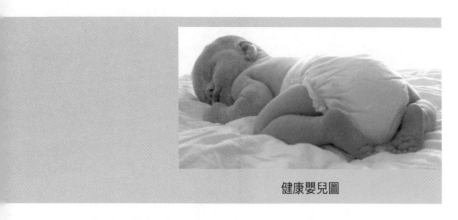

健康嬰兒圖

成華夏民族初步一統的聖人的一生各階段的狀態,來比喻
人體內統管生命核心功能的元氣在各階段的狀態。

「生而神靈」:一方面描述的是黃帝出生時先天很
足,非常有靈性的狀態;另一方面,是說健康的人元氣剛
開始生發的時候,沒有寒邪的干擾,對體內各種需求的支
持簡單直接而又恰當,就如神靈一般。什麼叫「神」?就
是你的想法和需求不用說他就知道了。什麼叫「靈」?合
理的祈求他都能給滿足就叫作「靈」。健康人的元氣就有
這樣的能力,對體內臟腑功能的需求能夠給以恰當的支
援。這個階段是後天臟腑功能初步形成的階段。此狀態也
就是初生嬰兒體內的正常狀態。

「弱而能言」:一方面形容黃帝小時候的狀態,即他
在很小的時候就能有條理地用語言表達自己的意思;另一
方面,指健康人的各臟腑能夠在元氣的支持下正確地表達
自己的需求,讓孩子感受到臟腑的這種需求,從而進一步
用別人能懂的方式正確地表達出來,使父母和有能力滿足
他需求的人領會這種需求。比如孩子的身體需要食物了,

健康幼兒園

孩子感覺到饑餓，從而用動作或者聲音傳達這個需求給周圍的人們。這是一種身體真實需求的表達，而不是有了後天多餘的妄念以後，因為生活習慣，或者僅僅是饞了，而表達出的要吃東西的願望。前者是神靈基礎上的能言，而後者可歸入人的不良習慣的範疇。

「幼而徇齊」：一方面，形容黃帝小時候處理事情毫

兩小兒辯日圖

司馬光砸缸圖

不拖泥帶水，乾淨俐落；另一方面，指健康人的元氣有所積累，在行使正常功能時才能不猶豫拖沓，才能迅疾而有效，不需要額外的推動或者藥物的幫助。

「**長而敦敏**」：一方面，形容黃帝長大以後穩重而敏

孔子讀書圖

銳，動靜合度，不用小聰明走捷徑；另一方面，指真陽元氣健康發展壯大時，人收放自如、樸實而靈敏，臟腑功能各司其職、各安其位，消化吸收和緩而高效。

「成而登天」：一方面，形容黃帝大業終成而成為天子，成為代替天在人間行使職能的人；另一方面，臟腑功能和元氣運行和諧一致，最終可以脫離有形的身體束縛，無形的先天真陽完善而功能俱足，就可與天相合。

「生而神靈，弱而能言，幼而徇齊，長而敦敏，成而登天」描述的是一個完全健康的人的自然成長過程；也是健康人的真陽元氣借有形的臟腑積累完善而最終脫離有形的身體合於天道的過程。

筆者曾經見過的《上古天真論》另外的版本，是沒有這一段的，這應該是在《素問》成書過程中有人在體會到這一篇的主旨後借理想中的黃帝的一生來比喻一個健康人

神仙圖

的真陽元氣應該有的狀態，用一個理想的健康人的外在表現來比喻人的內在基礎，並加入其中的。

「乃問於天師曰……」

天是最高的，能掌控一切而又變化無形的規律叫作「天」。「天師」是掌握這些規律而又能傳授給別人的人。

《黃帝內經》裏的這些人名很有意思。從黃帝開始，問於天師，然後下面還有「岐伯對曰」，「岐」就是分叉，也指變化，好比走到岔路口，可以選擇，可以變化。至於「伯」，在「伯、仲、叔、季」中是老大。「岐伯」是掌握變化的最大的人。

「余聞上古之人，春秋皆度百歲，而動作不衰。今時之人，年半百而動作皆衰者，時世異耶，人將失之耶。」

如果從考古學分析，這裏講的上古之人的壽命都是很短的。像「山頂洞人」「北京猿人」等上古的人類，一生也就只活到十幾歲、二十幾歲，很少有超過三十歲的。那為什麼這裏講上古之人春秋皆度百歲呢？這裏講的上古之人，是黃帝在「生而神靈，弱而能言，幼而徇齊，長而敦敏，成而登天」以後問出來的，其實就是指那些體證到生命理想狀態的人，也就是合乎人的先天真陽元氣的自然運

猿人圖

行規律的人。這樣的人才能做到「春秋皆度百歲，而動作不衰」。

　　而「今時之人」，指的是現實中沾染了各種不良習慣以後，臟腑功能失去了正常運行狀態的人。「年半百而動作皆衰者」，就是指真陽元氣還沒有充分生長就已經開始衰退的人（就像提前枯萎的莊稼一樣，不能正常地開花結果，或者即使結了果，果實也不能用作很好的種子）。

衰老圖

「時世異耶，人將失之耶」的意思是：因為天地自然規律
變了，還是因為人們自己的生活習慣偏離了自然規律而導
致的結果呢？

> 岐伯對曰：上古之人，其知道者，法於陰陽，和
> 於術數，食飲有節，起居有常，不妄作勞，故能形與
> 神俱，而盡終其天年，度百歲乃去。今時之人不然
> 也，以酒為漿，以妄為常，醉以入房，以欲竭其精，
> 以耗散其真，不知持滿，不時禦神，務快其心，逆於
> 生樂，起居無節，故半百而衰也。

生活規律合乎先天真陽自然規律的人（上古之人）的
生活狀態是能合乎天地運行的基本規則的，飲食有節制，
生活起居合乎自然規律。只有不過分透支臟腑功能，讓臟
腑功能始終與真陽元氣的運行協調一致，人才能完整地走
完生命歷程，不會中途因為疾病而過早地因得病而死去。
如果生活不遵循上述的原則，反而「以酒為漿」，就容易
生病、衰老、死去。「酒」，泛指能夠讓人上癮的東西。
「漿」是什麼？「漿」，指瓊漿玉液，也就是非常好的東
西，讓人很享受。酒會讓人失去自製能力，過分消耗自己
的真陽元氣，若把它當成玉液瓊漿來享受，那麼當然會損
傷自己的真陽之氣而損傷壽命。

「以妄為常」，就是以不該有的狀態為日常狀態，經
常讓臟腑做一些多餘的事情。「醉以入房」本已經因上癮
而消耗了元氣，又因房事進一步透支真陽。「以欲竭其

阮籍醉酒圖

精，以耗散其真，不知持滿，不時禦神」的意思是：用滿足臟腑過分的需求來使精氣枯竭，用多餘的消耗來散失真陽，不知道保持節制以積蓄元氣，不按天地自然規律推動元氣運行。「時」即規律。甲骨文的「時」是由一個「日」字、一個「寸」和一個「止」構成，意思就是因太陽（日）

日晷圖

燈紅酒綠

運行的腳步（止通趾）而定下的刻度（寸）。

太陽東升西落，是我們每天都感受到的最有規律的過程。人若不按這個規律生活，就會透支真陽元氣。「務快其心，逆於生樂，起居無節，故半百而衰也」的意思是：所作所為只為了後天的享受、沉溺於感官的快樂、日常生活沒有節制，都會傷害臟腑的正常功能。臟腑功能不按自然規律運轉，就不能補充真陽元氣的消耗，就會導致人過早衰亡。

現代科學也發現了基於地球自轉的生物節律。2017年度的諾貝爾生理學與醫學獎就是關於人體生物鐘的內在工作機制研究的。現代科學也發現了人和天地運行規律之間是有較強的內在聯繫的。如果人的生活起居違背了天地運行的自然規律，那麼人得各種疾病的風險就會明顯增加。

「夫上古聖人之教下也，皆謂之虛邪賊風，避之有時，恬淡虛無，真氣從之，精神內守，病安從來。」

「虛邪賊風，避之有時」：「虛」指使人的真陽變弱變少；「邪」指人體器官的功能偏離正常的狀態；「賊」指偷偷地、一點點地滲透進來，讓人不知不覺損失最寶貴的東西。而最能夠讓人不知不覺的損失真陽元氣的正是自己已經習以為常的狀態，也就是說「虛邪賊風」主要是自己平時養成的不良生活習慣。習慣成自然，這些不好的習慣會讓你在覺察不到的情況下傷害臟腑功能，透支真陽元氣。「避之有時」是說我們要按照正確的生活規律來養成好的習慣從而避免「虛邪賊風」的傷害。

「恬淡虛無」是針對前面「以酒為漿，以妄為常……以欲竭其精，以耗散其真」的現象而提出的對治之法。只有恬淡自然，平和而不貪求，才能不干擾臟腑的正常運行。而「精神內守，病安從來」即對治「不知持滿，不時禦神，務快其心，逆於生樂，起居無節」的方法。

那麼具體要怎麼做才能「恬淡虛無」和「精神內守」呢？

「志閑而少欲，心安而不懼，形勞而不倦，氣從以順，各從其欲，皆得所願。」

元氣不被過分調用，就不會有多餘的欲望產生；心安下來，沒有多餘的需求，就不會因不能滿足而害怕。「形勞而不倦」對應前文「不妄作勞」。臟腑每天都在不知疲倦地工作，這是正常的狀態。臟腑每天生長收藏，消化吸收，是不會疲倦的，但是如果這個過程被後天的妄念干擾

了，某一個臟腑的功能被多餘的慾望透支了（妄作勞），那麼這個人體自然的過程就會出現障礙。出現障礙後，自我恢復的能力就會顯現出來，元氣就會被調用以恢復不正常的地方。損耗一部分元氣，是可以在一定程度上恢復正常臟腑功能的。

但是，如果這種功能失衡超過了限度，那麼即使調動很多元氣來恢復，障礙卻依然存在，這樣就會一直耗散元氣。結果，正常人體的循環被打亂，消化吸收的效率被降低，而人體又需要額外調用元氣來修復障礙，持續時間長了，就會導致元氣的長期虧損，從而進一步影響臟腑功能的發揮。這個惡性循環，是大部分疾病的根源。

下面我們嘗試用元氣調用機制，來定性說明飲酒成癮的產生過程。

如果因為偶然的過量飲酒，導致各臟腑之間的協調運行過程被打亂，那麼身體就會自動消耗元氣來恢復這個運行秩序。消耗足夠的元氣使功能正常以後，又經歷了過量飲酒的刺激，同樣，身體還會調用元氣來恢復。當過量飲酒次數多了以後，這種元氣的調用就會形成習慣。如果有一天，在本來該飲酒的時候沒有飲酒，因為以往的習慣而出來的元氣，就會形成暫時的局部元氣過剩的現象，從而反過來刺激臟腑，讓人產生飲酒的慾望，這樣上癮的症狀就形成了。

如果我們不過分地調用元氣去干擾正常的生理過程，元氣就會根據臟腑功能的正常需求來分配，使臟腑能按照各自的正常功能運行而得到應得的收穫。

「故美其食，任其服，樂其俗，高下不相慕，其
民故曰樸。」

「美其食」從本意來說是指吃東西的時候很有滋味，
能品出食物本來的味道，而不是指用調料去刺激你的味
蕾，滿足過分的慾望和貪求。在這裏，比喻每個臟腑在工
作中能恰當地消耗一定的能量以完成自己該有的功能，維
持出入平衡，而不需要額外的刺激來強化其局部的功能。

再看現在很多生意興隆的飯館，其最大的特色往往都
在調料上，用大量的油和刺激性的麻辣鮮香的調料來調動
人的食慾。吃下去東西後，身體感受到的不是食物本身固
有的味道，而是調料的味道，這就很難讓臟腑「美其
食」。長久累積下來，功能的透支和紊亂是不可避免的，
隨之而來的疾病並不僅僅是因為食品安全。

「任其服」是指不需要為了別的目的而用華美的衣服
來裝飾自己，該是什麼樣就是什麼樣。

「樂其俗」之「俗」就是指上古流傳下來的穩定狀
態。不應因為一時的享樂需求去打破這種狀態，應在正常
的生活和工作中自得其樂。

「高下不相慕，其民故曰樸」：每個臟腑都各司其
職，行使各自該有的功能，不會互相羨慕。比如大腸具有
傳導、主津的功能，就會不知疲倦地行使自己的這些功
能。它不會因為胃能容納水穀而去羨慕，甚至因羨慕而不
平，從而想要改變自己的地位。所以「高下不相慕，其民
故曰樸」，指的是一種自然質樸的狀態。

靜謐山村圖

老子《道德經》第八十章有「雞犬之聲相聞，老死不相往來」之句。這是道家理想的國家狀態。有人說小國寡民，很虛無，很消極。老子借這種形式來展現真正符合人體臟腑自然功能需求的外部社會形態，這種「高下不相慕，其民故曰樸」的狀態就是他所謂的「雞犬之聲相聞，老死不相往來」。雄雞打鳴的時候，大家起床開始一天的生活，這是生發。犬開始發揮作用的時候是晚上，人該休息了。「雞犬之聲相聞」比喻各個臟腑知道別的臟腑的作息時間，會自然地協調配合自己的工作和休息時間。但是他們自己的功能是不會互相交換的。這跟「高下不相慕，其民故曰樸」說的是一個理。

「是以嗜欲不能勞其目，淫邪不能惑其心，愚智賢不肖，不懼於物，故合於道。所以能年皆度百歲而動作不衰者，以其德全不危也。」

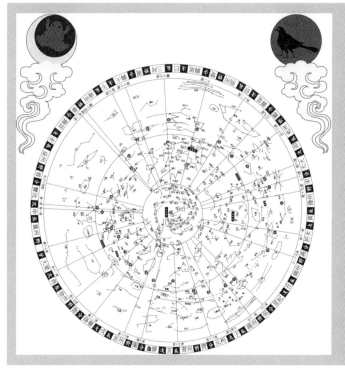

宇宙星空圖

　　所以，過分的嗜好和慾望不會使它們迷失自己，誘惑
和邪念也不能迷惑它們的本心，它們各自依其本來的狀態
而不會因為害怕去遮掩和修飾。健康的人是合於天地自然
之道的。這樣的人能夠讓身體功能長期保持而不衰弱，是
因為完整不損的「德」。關於「德」，《靈樞·本神》有
「天之在我者德也，地之在我者氣也。德流氣溥而生者
也」之語。「天」是至高而無形的規律，而合乎天道自然
規律的狀態叫作「德」。

　　《上古天真論》大致講了理想的人應該是什麼樣的，
講了我們該怎麼做才能讓自己保持「上古天真」。從這一

篇我們可以知道，只有不去透支和擾亂臟腑的自然功能才可以做到理想的養生。

從根本上說，真正地能補養元氣的是糧食，而不是所謂的補藥或者保健品。只有五穀雜糧、水果蔬菜等日常經常吃的食物，才能在不干擾臟腑正常功能的基礎上補充人體的消耗。有了這一個基礎，再去看現在世上流傳的各種所謂養生方法，我們就能夠自己去判斷其是不是符合養生的原則了。

只有糧食才是真正補養身體的。藥的作用主要是幫助恢復臟腑功能。只有用對症的良藥使得病的臟腑功能恢復正常，臟腑才能夠有效地消化吸收糧食裏的營養成分，以補充人體的消耗，保持人的物質和能量代謝的平衡。因此，在沒有必要的時候是不能隨便吃藥的，保健品更如是。

由《上古天真論》我們知道了「恬淡虛無」和「精神內守」是使人內外和諧、復歸「天真」的基本原則。那麼，在做到這個原則的時候，人會處於一個什麼狀態呢？《靈樞・本神》講的就是人在理想狀態下的精、神、魂、魄、心，意、志、思、慮、智等功能的演化和發展過程。

生機神為本

「天之在我者德也，地之在我者氣也。德流氣溥而生者也，故生之來謂之精，兩精相搏謂之神。隨神往來者謂之魂，並精而出入者謂之魄。」

《靈樞·本神》首先確定了德、氣、生、精、神、魂、魄的概念。

德是天的特性，可以流布四方。氣是地的特性，可以凝聚和變化。故有「德流氣溥而生者也」。這裏的「流」是水的典型特徵，而「溥」既指凝聚的露珠，又指變化無常的「湍流」，這兩者都是水的特徵。「上善若水」，水是生命之源，故此處在生之前先以水之性喻天地生機之本源。而與《老子》內容相伴的湖北郭店戰國楚簡有《太一生水》：「太一生水。水反輔太一，是以成天。天反輔太一，是以成地。天地復相輔也，是以成神明。」其中太一為上古所信仰之至高神，亦可為太極之異名。由此可見，水之性尚在天地生成之先，恰如傳說中之盤古，於生機內蘊的混沌之中，開天闢地而使生命化生。故上善之水，是天地生機本源。「德流氣溥」則生靈自現。

「流」「溥」之水，成生命之精，隨緣而生，多少各異。每個生命各自具有的「精」的量是不同的。精的多少就如網球與排球、小草與大樹、小鳥與犀牛，大小雖有不同，但特有的功能和作用都是不受影響的，所以精的多少並不是生命力強弱的標誌。而精之中與「德流」和「氣溥」對應的散佈和凝聚的相互作用的強弱，才是生命力的基礎。網球和排球，內部氣體向外擴散，而球面要約束住這個擴散，這一對相互作用的強度直接體現為球的彈性是否合適，是可以直接影響到其使用基本功能的。同樣，對於小草和大樹、小鳥和犀牛，生物體有形之體和無形之氣的相互作用的強弱，及其神是否充足，是其生命力強弱的

基本標誌，也正因此，本篇名為「本神」。

精和神是個體生命得以存在的基礎，但是，生命光有精和神是不夠的，還需要有靈活變化的能力，這種能力就叫作「魂」。魂是在神充足的基礎上，對外界影響的調整和變化。打足氣的球能夠在碰到障礙物之後恰當地變形，然後恢復原狀，植物能夠適應環境的變化，小鳥更顯靈動活潑等，都是魂足的表現。

一個人「失了魂」，就會表現為表情僵硬而麻木、眼神發直而缺乏變化。因此，要保證生命力的活潑靈動，首先要神足；其次，在神足的基礎上，還不能僵化，要有彈性和韌性的調節和變化。故「隨神往來者謂之魂」，魂體現的是神的變化能力。在這種發展變化過程中，精的消耗和流失是不可避免的。

生命穩定存在的基礎就是精能從外界得到相應的物質和能量的補充。有出有入，生命力才能得以保持和發展。「並精而出入者謂之魄」，魄是在精的耗散和獲得補充的過程中體現出來的。說一個人「有魄力」，一般是指他決斷能力強，該放出去的時候不猶豫，該收回的時候果斷俐落。這種能力，就是魄的外在體現。

因此，從傳統中醫經典的觀點來看，宇宙中生命能夠穩定存在的前提是天地間有德和氣，而個體生命存在的基礎是精、神、魂、魄的共同作用。

精、神、魂、魄是統一的宇宙天地中的德和氣聚散變化相互作用而賦予生命個體的，那麼這種個性化的生命形式就需要有一個具體的、獨立的體現。

「所以任物者謂之心。心有所憶謂之意，意之所
存謂之志，因志而存變謂之思，因思而遠慕謂之慮，
因慮而處物謂之智。」

所謂心就是個性化的生命對外行使職能的具體表現。
個體生命以精、神、魂、魄為基本功能，那麼就有了與周
圍環境以及別的生命產生相互作用的基礎。精、神、魂、
魄作為一個有機的統一體，與外界進行交流，並產生作
用。這個具體的統一體就是心。「所以任物者謂之心」，
心對外界事物和壓力有承載、支配、改造和利用的能力。
這些能力都是心的表現。心是個性化的生命區別於環境、
獨立於別的生命的基本標誌。故對於人而言，心是先天賦
予的，是生命的基本要素。「人之初，性本善。」人初生
時，這些生命本性就已經完善了。我們是不能自己創造
精、神、魂、魄和心的。但是，這並不是說我們只能聽天
由命，我們可以由自身的努力，讓生命變得更好，更好地
維護和改善心的能力。

意就是人後天為支持和改善心的能力而進行的努力。
心驅動後天臟腑行使消化吸收的功能，並有所盈餘。「如
母憶子，如子憶母」，母子都為對方能更好地生活而各自
努力，故「心有所憶謂之意」。母慈子孝，家和業興，是
為「有所憶」。

在心意的引導下臟腑的工作使能量除了支援生命的必
要消耗外還有所盈餘，可以儲存一部分。有了可以儲存的
富餘能量，我們就可以給未來設立一個長遠的目標，這就

是志，即「意之所存謂之志」。所以，一個健康的孩子，就可以立一個大志，並為此而努力。有了志向，就可以有目的地改變一些行為模式，減少一些不必要的耗散，就會勁向一處使，讓工作更有效率。這種有目的改變和調整當前生活工作方式的行為，就是思，「因志而存變謂之思」。有遠志方思變化，有了變化就要針對新的狀態做一個長遠的規劃。如果思是具體戰術，那麼慮就是宏觀的戰略，「因思而遠慕謂之慮」。慮是思的延續和發展，也是當前狀態和所立志向之間的通道和橋樑。到此，志向已立，戰術、戰略俱備，物資儲備充足，對外應對各種事情的時候就表現出智，即能有智慧地處理各種問題，「因慮而處物謂之智」。智是先天的精、神、魂、魄由心體現出對事物的承載和反應能力，又進一步由後天的意、志、思、慮的積累和調整，最終表現出來的圓滿智慧地處理事物的能力。這就是《史記・黃帝本紀》所言軒轅黃帝「生而神靈，弱而能言，幼而徇齊，長而敦敏，成而聰明」。

智是意、志、思、慮的綜合表現，是後天臟腑功能順暢運行的結果，也是對承載先天精、神、魂、魄狀態的心的應和和拓展。後天不做多餘的耗散，能「知持滿」，能以「時禦神」，就能維持臟腑功能正常進行。這就是「今時之人」對「上古天真」的回歸。後天與先天相合、相應，是一種理想的健康生命狀態。

現實中我們都是「今時之人」，我們自以為的智慧，其實是有很多缺陷的。因此，我們要由自我修正，將「虛邪賊風」去掉，回歸自己天真的初心；要做到「恬淡虛

無」「精神內守」「不妄作勞」，積累神氣，透過意、志、思、慮一步步積蓄，而能真正體現出智。這種智慧，不是我們過分貪求而來的，而是真心的自然體現，心與意，如母憶子，如子憶母。這也是太極拳內三合中所謂的「心與意合」的根本所在。

練拳時，勢勢不離規矩，工夫下到了，臨機而應，無不合度，自然而然，水到渠成，自能避免僵勁拙力之弊病。自古拳理通醫理，拳雖小技，大道通焉。

六經微旨意

我們由節選《黃帝內經》兩篇原文，在形而上的層面上描述了人的生命的理想狀態，那麼當我們偏離了這個理想狀態的時候，應該如何去衡量這種偏離，又該怎麼去糾正呢？

《六微旨大論》用天人相應的方法，給我們建立了一個標準的參照體系。這就是中醫經典裏的六經體系。張仲景的《傷寒雜病論》就是這個體系在臨床上的具體應用。它將人表現出來的各種症狀，用六經體系總結成證據，並以此來定位病之所在，判斷其後續的發展，這就是中醫經典的六經辨證方法。我們都知道，幾何學中的坐標系、現代物理學中的參照系，都是定位和描述時空中各種事件的基礎。而六經之於傳統中醫，也是這個作用。故六經體系是傳統中醫對人生的認知從形而上之道的層面到具象的臟腑經脈氣血的轉換樞紐。現在我們選《六微旨大論》中的

一些重要內容來做解讀。

> 「黃帝問曰：嗚呼遠哉，天之道也。如迎浮雲，
> 若視深淵，視深淵尚可測，迎浮雲莫知其極。夫子數
> 言謹奉天道，余聞而藏之，心私異之，不知其所謂
> 也。願夫子溢志盡言其事，令終不滅，久而不絕。天
> 之道，可得聞乎？
>
> 岐伯稽首再拜對曰：明乎哉問！天之道也，此因
> 天之序，盛衰之時也。
>
> 帝曰：願聞天道六六之節，盛衰何也。」

此段的大意是：天之道就如浮雲和深淵一般高深莫
測！如果說深淵還是可以探測的話，那麼浮雲就更是縹緲
無極的。夫子多次說要尊奉天道而行，我都記下了，但心
裏實在不知道該如何去做。希望夫子能說得詳盡些，讓天
道可以被理解，並能經久流傳，永不絕滅。可以嗎？

岐伯恭敬行禮然後回答說：您問得非常關鍵！天之道
無非就是天根據自己的規律按次序盛衰變化而已。

黃帝繼續追問：我想具體聽聽天道盛衰六六分節的規
律是怎樣的。

黃帝最初的問題的意思是天道很奧妙，很難理解，但
人又要遵循天道生活，那麼怎麼才能把天道的規律說清
楚，還可以使之流傳後世，讓人們都可以理解呢？而岐伯
所說的天道規律，無非就是次序和盛衰的變化規律。我們
按照《大學》中「物有本末，事有終始，知所先後則近道

矣」所說的，按照事物演化的位置和時間次序去理解、去做，就接近道的層面了。從現代的理解來看，位置和次序就是時間和空間座標的概念。根據這個原理，我們可以在時空框架下構造事物模型，以便於人們描述和理解。

「岐伯曰：上下有位，左右有紀。故少陽之右，陽明治之。陽明之右，太陽治之。太陽之右，厥陰治之。厥陰之右，少陰治之。少陰之右，太陰治之。太陰之右，少陽治之。此所謂氣之標，蓋南面而待也。故曰：因天之序，盛衰之時，移光定位，正立而待之，此之謂也。

少陽之上，火氣治之，中見厥陰。陽明之上，燥氣治之，中見太陰。

太陽之上，寒氣治之，中見少陰。厥陰之上，風氣治之，中見少陽。

少陰之上，熱氣治之，中見太陽。太陰之上，濕氣治之，中見陽明。

所謂本也，本之下中之見也，見之下氣之標也。本標不同，氣應異象。」

這一段具體講了六經體系的結構、空間方位和時間變化，分別用上、下、左、右的相對方位和移光定位的陰陽變化來描述六經在時間空間標架中的功能變化規律。這裏解釋一下什麼叫「移光定位」。古代計時用的日晷，用一根針，立在帶圓周刻度的盤上；太陽照過來時，這根針就

會在盤上留下陰影,陰影會隨太陽的角度變化指向不同的
刻度;其所指刻度即當時的時刻。這種計時方式,就是
「移光定位」。

　　而所謂「上下有位,左右有紀」,我們可以參看赤道
式日晷圖。這個日晷的盤面相對地平線是有一個夾角的,
也就是說日晷盤面是跟地球赤道平面平行的,也就是說在
秋分以後和來年春分以前,太陽高度角較小,日晷的下盤
面是被日光照亮的,指針的影子在下盤面,而上盤面沒有
日光;在春分以後和當年的秋分以前,則指標陰影和陽光
都在上盤面。所以,這樣就能用上、下盤面的陰陽來表示
所處的時節是冬還是夏。而指標陰影在一天內隨日光自右
向左,或自左向右的變化標記了一天的時辰規律。當然,

日晷圖

這只是以赤道式日晷的運行原理來理解這句話，是一個具體的例子，並不是說這句話是針對這種日晷而言的。脫開具體事例的約束，經典講的是一個普遍的規律。

日晷計時方式中有光有影，且隨季節、時辰的變化，光影合於陰陽而有規律的變化。故我們可以將其對應於人體內真陽和臟腑陰陽消長的運行，此亦為人體六經模型取象比類之根源所在。

對於六經排列的次序，原文以少陽為起點開始講：「故少陽之右，陽明治之。陽明之右，太陽治之。太陽之右，厥陰治之。厥陰之右，少陰治之。少陰之右，太陰治之。太陰之右，少陽治之。」古代簡牘卷冊都是自右向左豎寫，故在說在某某之右的時候，就是指在其之前。從這

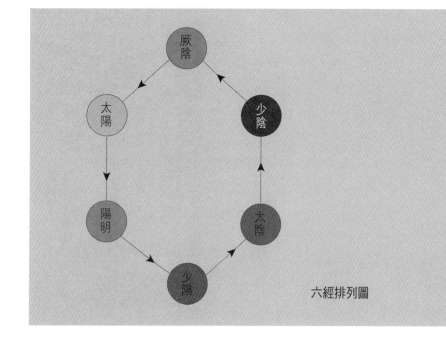

六經排列圖

段話我們可以知道，六經的排列順序是：少陽、太陰、少陰、厥陰、太陽、陽明、少陽；自少陽終，又由少陽始，首尾相連，終始循環，生生不息。

「此所謂氣之標，蓋南面而待也。故曰：因天之序，盛衰之時，移光定位，正立而待之，此之謂也。」這樣的六經排列方式，可以作為描述體內生命過程的標架。真陽元氣在其中運行變化，就如同面向南方安放好的日晷等待陽光按天地運行、陰陽消長的規律在其上形成自然移動的作計時參照的光影一樣。日晷作為標架，是正立不動的，而人的六經模型也是如此。從陰陽看，六經分為三陰和三陽，三陰有太陰、少陰、厥陰，三陽有太陽、陽明、少陽。

人體的六經標架定下來了，那就可以定義真陽元氣在其中運行的功能表現了，於是就有了「少陽之上，火氣治之，中見厥陰。陽明之上，燥氣治之，中見太陰。太陽之上，寒氣治之，中見少陰。厥陰之上，風氣治之，中見少陽。少陰之上，熱氣治之，中見太陽。太陰之上，濕氣治之，中見陽明。所謂本也，本之下中之見也，見之下氣之標也。本標不同，氣應異象」。真陽元氣運行到少陽時顯示出來的是火的象，且其中能見到厥陰的功能，那麼厥陰的功能是什麼呢？真陽元氣在厥陰時表現出來的是風的象，其中能見到少陽的功能。

從這裏我們知道，六經中少陽和厥陰是一對，這一對的關係是少陽中有厥陰，厥陰中有少陽。少陽的功能體現是火，在這裏的火代表一種什麼樣的功能狀態呢？我們知

道，在人類發展歷史上，使用火是一件很重要的標誌性事件，它把人類與其他動物真正地區分開來。火可以把外界的生食轉化為對人體更安全的熟食，這個過程是大部分食物在被人體臟腑吸收之前所必經的，所以少陽是一個將外物變成人體儲備的判斷和準入的標準和保障，就如一個國家的海關，對進口物資進行許可檢驗。因此，少陽就被抽象成具有轉化和決斷的功能。當然這個功能要正常運行離不開別的系統的協同和參與，比如觸覺、視覺、味覺和嗅覺等均可幫助少陽做出決斷。這些感官的資訊傳遞，也就是厥陰風的一部分功能。風可以傳遞臟腑和人體各組織對物質和能量的需求訊息，當然還可以輔助物質和能量的調配和輸運。厥陰風的功能的正常運行當然也不能缺少少陽火的轉化和決斷。少陽之火將食物轉化成可以吸收的形式，更有助於這些需求的有序協同和傳遞。故少陽和厥陰是一對，其功能應象為火和風。火和風是生命力之源，是人體的真陽元氣在相應方位上的功能體現。

　　有了厥陰風傳遞出來的需求訊息，又有了少陽火對外界食物的選擇和轉化，下一步就是太陰濕和陽明燥這一對，對進入人體的食物的吸收轉化和利用。

　　真陽元氣在太陰的主要功能表現是吸收，臟腑消耗一部分真陽元氣，將食物轉化成人體能夠儲藏和利用的物質。吸收功能就如地球上的濕地一樣，讓水流緩慢地在植物根系間滲流，使其中的養分能充分地被植物吸收，以養育盡可能多樣的生物群落。因此，對應於吸收功能的特徵為濕。太陰在吸收時又離不開陽明產生的能量的參與，故

濕中含燥，太陰中見陽明。

　　而真陽元氣在陽明的主要功能表現是消化，這個消化不僅包括將食物分解成能夠被人體吸收的精微物質的過程，還包括將儲藏的物質轉化成能夠被生命活動所使用的能量的過程。這個涉及能量產生和利用的過程的主要特徵就是燥。陽明的能量轉化離不開太陰吸收的精微，故燥中見濕，陽明中見太陰。

　　從現代科學的角度看，太陰與陽明這一對的功能就是對人體系統的物質和能量的補充、轉化和利用。太陰的主要功能是吸收營養，而這一功能離不開陽明轉化出的能量的支援；而陽明的主要功能是提供生命活動所需的能量，而這一功能當然也離不開太陰的吸收功能的支援。

　　有形的生命有了物質的補充和能量的支援，當然還需要一個成型的邊界，而其中各個具體的功能單元，也相應地要有個邊界。這個邊界當處於人體最外層的表面，把有形的人體和外部環境分隔開來。這就是太陽的功能。這裏說的太陽並不是指白天在天空中那顆發光發熱的恒星。從字面簡單理解，太指最大，陽指表面，太陽指包含人有形生命體的最大的表面。真陽元氣在太陽的主要功能表現為寒。寒之義為收斂和凝聚。

　　把構成生命的物質和能量收斂和凝聚在這個邊界之內，就是太陽寒的功能。但這個凝聚又不能凝死了，其還需要有能量和物質的輸運和傳遞，故其離不開少陰熱的功能。少陰具有儲藏和應用人體內部能量的功能，故其特徵為熱。因熱量需要約束和存儲，故少陰熱之中可見太陽

寒。就如外層之皮膜和內在之空氣可成氣球之形，太陽和少陰，一寒一熱成人體之形。

到這裏，人體的六經模型就基本完整了，這種方法有些像現代科技中一個控制系統的模型的構建，有完整的硬體和軟體（太陽和少陰），有物質和能量的出入轉化（陽明和太陰），有控制、回饋和調節（少陽和厥陰），如果其都能順暢地運行，那麼，這個系統也就不會有大的問題了。

人的六經模型不僅對一個健康人的整體而言是完善的，對每一個構成人體的功能組成單元而言也是完善的。這樣的結構其實不是一個機械的定態，隨著觀察的尺度和方位的變化，在人體任何尺度和位置都可以觀察到完整的六經結構。在這個意義上，對人體這個生命系統而言，六經結構可以說是其大無外其小無內的。

對於一個特定的臟腑，比如心，其功能區域的邊界就屬於心的太陽，邊界以內運行心之功能的區域就屬於心的少陰；而心之工作需要的能量和物質的輸入輸出，就是屬於心的陽明和太陰；而心之工作過程中需要的判斷、協調和控制，就屬於心的少陽和厥陰。

其他臟腑甚至更微小的生命功能單元，都可以做類似的分析。因此，生命的六經模型，是一個可以被普遍使用的模型框架，是對人的生命具體運行模式的抽象和提煉。

總體而言，從陰陽看，六經可分為三陰和三陽，三陰為太陰、少陰和厥陰，主要掌管有形物質的吸收、儲藏和輸運；而三陽為太陽、陽明和少陽，主管能量的約束、使

用和控制。當然，三陰功能的運轉離不開三陽能量的參
與，三陽功能的發揮也離不開三陰物質的支持。

現在，我們跟隨《黃帝內經》的線索，對人的生命現
象有了逐步深入的認知。從人生命源頭具有的天真自然之
道，到先天生命的「德流氣溥」而成精、神、魂、魄，進
而成形為心，連結後天有形生命個體的意、志、思、慮，
而表現出人的後天本質特徵—智，進而借「因天之序，移
光定位」之理而立六經之三陰三陽體系為參照，生命之活

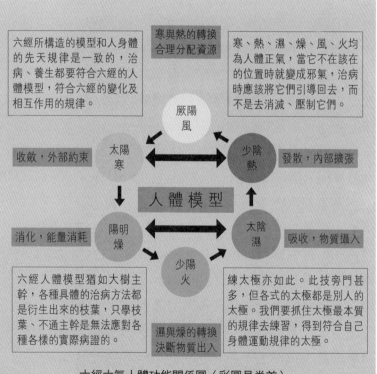

六經六氣人體功能關係圖（彩圖見卷首）

力在體內順序表現出寒、熱、濕、燥、火、風六氣，從而主導人體的物質和能量的新陳代謝和調配控制。這就是傳統中醫對人生命活動基本規律的認識。

生命本源元氣在各經方位表現出來的功能主要為六氣，即寒、熱、燥、濕、火、風。這六氣都是元氣的表現，都是正氣。

那麼我們常說的上火了，或者濕氣重是什麼意思呢？火在少陽本是正氣，另外厥陰也表現部分火的正常功能，但是，如果這個比例失調，少陽只有火而不見風，或者在太陽、陽明等不該有火的功能的方位出現了火，則這部分火就是偏離了正常位置的邪氣。濕也是這樣。推而廣之，六氣都是如此，當其位為正，不當其位為邪。那麼我們治療這類疾病時，最好的辦法不是消滅邪氣，而是引導偏離的邪氣回到原本的位置上去。

用這種方法治病，最大可能地保存了人體元氣不過分耗散，這是中醫的正法。

晝夜更替，四季輪換，「鼓之以雷霆，潤之以風雨」，萬物生生不息，人人安居樂業，國力自然昌盛。而元氣在六經中循行，六氣功能依次循環，若功能順暢，轉換自如，則人的生機自然旺盛，身心健康也能得到保證。

太極拳可以讓人改去不良習慣，不用多餘的力，不做多餘的事，使六氣各安其位、轉換自然、柔和順達，是對六經正常功能的一種很好的支援和保障方法。

《黃帝內經》
人體觀（下）

氣行經脈現

　　上一章已經介紹了六經這個描述人體規律的參照體系。六經規律在具體落實到人身上時，體現出的人體經脈系統，表現為十二正經。十二正經簡而言之為六經分手足，即手三陰經、手三陽經、足三陰經、足三陽經。經為元氣運行之綱領，而脈是真陽元氣周流全身時六經之氣顯現出來的可觀察的表象。十二正經各脈的具體定義和描述，見《靈樞・經脈》。

　　雷公問於黃帝曰：《禁服》之言，凡刺之理，經脈為始，營其所行，制其度量，內次五臟，外別六腑，願盡聞其道。黃帝曰：人始生，先成精，精成而腦髓生，骨為幹，脈為營，筋為剛，肉為牆，皮膚堅而毛髮長，穀入於胃，脈道以通，血氣乃行。雷公曰：願卒聞經脈之始生。黃帝曰：經脈者，所以能決死生，處百病，調虛實，不可不通。

　　此處以雷公發問於黃帝開篇，雷為震卦，喻春天草木返青、蟄蟲萌動，東方得中央土氣而現生機之象。此比喻說明經脈是生命開始的標誌，就如春雷震震，萬物從土而始生。

這段話的大致意思如下。

雷公問黃帝：《禁服》有言，診斷和治療疾病，要從經脈開始，懂得深淺程度和寒邪多少，向內深入五臟，向外分辨六腑，我想知道究竟是怎麼回事。

黃帝說：人的生命開始形成之時，先有精，然後有核心的感受和控制系統，以骨骼搭起生命的主幹結構，以肌肉隔離身體內外，並於皮膚的收斂發散功能鞏固後開始長出毛髮。當外界的食物進入胃中，消化吸收過程啟動，各個功能系統開始協調運行時，經脈這套生命功能的聯絡系統開始發揮作用，生命所需的物質和能量開始在體內被調配輸運。

雷公說：我迫切地想知道經脈最本質的作用是什麼。

黃帝說：經脈是否起作用是生命是否開始的標誌，各種病也由經脈運行表現出來，並能由調整經脈虛實而得到治療。因此，人要活得健康，則經脈不可不通。

　　肺手太陰之脈，起於中焦，下絡大腸，還循胃口，上膈屬肺，從肺系橫出腋下，下循臑內，行少陰心主之前，下肘中，循臂內上骨下廉入寸口，上魚，循魚際，出大指之端；其支者，從腕後直出次指內廉，出其端。

這段文字講肺手太陰之脈的循行路線，需要注意的是肺手太陰之脈的起點在中焦，那什麼是中焦呢？中焦是人消化吸收食物功能的核心部分。這個起點對應上文所說的

「穀入於胃，脈道以通，血氣乃行」，是經脈功能得以顯現的初始條件。這應該也是將手太陰肺經放在十二經脈之首來說的原因所在。在這裏中焦並不是一個確定的器官，人體每一部分都自有太陰陽明的功能，只要有物質的出入代謝，就有消化吸收。小到細胞，大到全身，中焦無處不在。因此，經脈本體是無形的，而對其功能可以起到調節和控制作用的一些關鍵位置，是確實存在的。

也就是說我們看到的後面這些實際路線，包括手臂、肘腕關節和手指上的穴位節點，都是可以對手太陰肺經的功能起到調整和疏通作用的。

從很多經脈圖上，我們都能看到這些點和線，這些點和連線本身並不是經脈。有興趣者可以找一些經絡圖解，按圖解尋找就能在自己身上找到確切的位置，在此不做詳細說明。

是動則病肺脹滿，膨膨而喘咳，缺盆中痛，甚則交兩手而瞀，此為臂厥。

是主肺所生病者，咳，上氣喘喝，煩心胸滿，臑臂內前廉痛厥，掌中熱。氣盛有餘，則肩背痛，風寒，汗出中風，小便數而欠。氣虛則肩背痛寒，少氣不足以息，溺色變。

這裏的「是動則病」的症狀表現是由手太陰肺經功能受到干擾和阻礙所致的，相對而言，此時元氣還足，臟腑功能還沒有受到損害。

「是主肺所生病者」後面的症狀是由臟腑功能受到損害所致的，相對而言，此時元氣已虛，病較為深入。

這些表現出來的症狀，是手太陰肺經功能不能正常發揮的有形表現，醫生可據此診斷和定位疾病狀態，以作為治療的依據。

為此諸病，盛則瀉之，虛則補之，熱則疾之，寒則留之，陷下則灸之，不盛不虛，以經取之。盛者，寸口大三倍於人迎；虛者，則寸口反小於人迎也。

有了症狀作為依據，這一段講的是治療的原則，即邪盛用瀉法，正虛用補法。熱證發展快，故治療時應迅疾。寒證纏綿，欲走還留，故治療所需的時間較長。整體正氣尚足，而局部虧損，則用灸法。只是經脈不通，功能受到阻礙，而邪氣不盛，正氣不虛者，則可疏通經脈而治。

這裏有一對很關鍵的概念——寸口和人迎。從具體部位講，寸口是手太陰肺經在手腕處所經過的橈動脈搏動部位，而人迎是足陽明胃經在喉側頸動脈搏動處。但如果從這兩處脈搏動的強度而言，幾乎所有人的人迎脈都大於寸口脈，並不存在寸口脈大於人迎脈的情況。那麼這裏所說寸口和人迎就不是指這兩個部位的脈搏。寸口，從字意來講是從外向內的收束成寸的入口，是外界物質被吸收入人體的門口，也是太陰吸收功能的表現。而人迎是有客來時主人從內往外迎出之勢，為將體內儲藏的營養物質轉化為能量並拿出來使用的樞紐，也是陽明運化能力的表徵。故

寸口為入，人迎為出；寸口為由陽轉陰之關竅，人迎為由陰化陽之樞紐。從寸、關、尺三部脈而言，寸為寸口，尺為人迎。

從取脈方法而言，浮取為寸口，沉取為人迎。在方位上，寸口在外以受外物，反為表；而人迎在內以出迎應物，反為裏。當然，在實際應用時還當考慮出入來去的關係。此為筆者一孔之見，謹俟方家批評指正。

手太陰肺經邪氣盛時，吸收能力受到干擾，寸口增強到比人迎大三倍的力量來恢復其功能。這裏的三倍運化能力，是元氣在太陰、陽明這一組經脈裏表現出來的破除邪氣的力量，所謂三倍，是相對其正常運化功能的強度而言的，這也說明了太陰和陽明功能的重要性。這相當於一個國家會用重兵守護事關其命脈的核心區域。

太陰和陽明這一組經脈主要擔負著營養物質的消化吸收及生命活動能量的轉化和供給，是人生命活力的根本所在，也是寸口、人迎功能的直接體現。因此，一旦病邪入侵，元氣就會分配三倍於正常的力量來破除病邪，以保護消化吸收功能。如果手太陰肺經的正氣虛，那麼就代表吸收能力的寸口反而會比人迎弱一些，顯出其不足的狀態，應徐徐補之。

若陽明有病邪，則元氣同樣用多出三倍於正常的力量去破除病邪。故人迎的力量被加強到三倍於寸口，來增強濕氣化燥的功能以扶正祛邪。而若僅為陽明正氣虛，則濕燥之氣各安其位，以顯本經人迎氣之不足，知其不足則應引正氣徐徐補之。

少陰和太陽的四條經脈的寒熱二氣主運化和約束，此亦為與生命活動相關的主要功能，故遇到病邪干擾時，元氣會用二倍於正常的力量來幫助祛邪。

厥陰和少陽四條經脈主決斷和控制，為陰陽之樞紐，為以巧破力之處，故元氣破邪亦不用大力，若過多則傷正。故祛邪應以與本氣相當之力為度。

故手足三陰經邪氣盛則表現為寸口大於人迎，而手足三陽經邪氣盛則表現為人迎大於寸口。用或大三倍，或大兩倍，或大一倍於原本經正氣的力量，來幫助經脈正氣破除病邪，為人體真陽元氣扶正祛邪之本能表現。而此後病雖衰去，真陽元氣必有虛損，所謂傷敵一千自損八百。「兵者，不祥之器，非君子之器，不得已而用之。」戰爭之後，國家需要休養生息。同樣病邪去後，人也需要合理調養，以補真陽元氣之不足。

手足三陰經正氣虛則表現為寸口小於人迎，而手足三陽經正氣虛則表現為人迎小於寸口。由此可知，如正氣虛，則自能調配其互補的另一方功能來補其不足，如太陰不足則陽明補之，太陽不足則少陰補之，餘皆準此。

其他經脈的具體循行路線、經脈病證表現、臟腑病證表現、治療原則等都可參照手太陰肺經去看，篇幅所限，不再細述。下面僅選幾段特色語句略做詮釋。

足陽明胃經症狀：

是動則病灑灑振寒，善伸數欠，顏黑，病至則惡人與火，聞木聲則惕然而驚，心欲動，獨閉戶塞牖而

處，甚則欲上高而歌，棄衣而走，賁響腹脹，是為骭厥。

患者身體常發抖，經常歎氣、打哈欠、臉色發黑。病發作的時候怕人，怕光亮，聽到有人敲門就害怕，心裏不安，自己關門關窗躲在屋子裏。更有想要在高處大聲唱歌，脫了衣服在外面走，腸鳴腹脹者。這都是足陽明胃經經氣紊亂的表現。

這些症狀，非常接近現代常見的抑鬱症的表現：平時避人避光，燥氣內鬱，久則化作燥火而表現為「上高而歌，棄衣而走」。治療這樣的病，僅從精神調節和控制入手是不夠的。而對傳統中醫的深入研究，會給最終攻克現代的一些疑難雜症提供新的思路和解決方法。

足少陰腎經的症狀：

心如懸若饑狀，氣不足則善恐，心惕惕如人將捕之。

患者心總是空空的無所著落，經常處在恐懼害怕之中，總感覺有人要傷害自己。在現代，這同樣也是某些精神疾病的表現。從以《黃帝內經》為基礎的傳統中醫角度來看，這是少陰熱氣功能不足的表現，也就是生機的運化能力不夠的表現。不安、驚恐和害怕的症狀都跟寒熱這對平衡被打破有關。

腎經的治法裏有「灸則強食生肉，緩帶被發，大杖重

履而步」。這句話是其他經脈的治法裏所沒有的。意思是在用灸法治療的時候，要多吃東西以促進肌肉生長，把身上的束縛去掉，拿著大杖、穿厚重的鞋去走路。這裏強調腎經的病在用灸法治療的同時必須配合多吃食物、舒緩心情和適量運動以輔助。這也和現代健康理念的食、心、動的平衡相一致。而這種舒緩心情、適當強度的運動特點，也和練習太極拳的狀態非常接近。故在用灸法治足少陰腎經局部陷下的病時，可將太極拳作為輔助治療的手段，以提高治療效果，促進康復。

　　關於十二正經的循行關係，《靈樞・逆順肥瘦》言：「手之三陰，從臟走手；手之三陽，從手走頭；足之三陽，從頭走足；足之三陰，從足走腹。」手足三陰三陽經脈大致從臟腑到手到頭到足再回臟腑，周行無端，生生不息，將臟腑和頭、手、足等梢節緊密聯繫在一起。

　　除了能完成人體主要生命功能的十二正經外，人體還有一些主要的輔助經脈，以補十二正經功能之不足，稱為奇經。主要的奇經共有八條，分別為任脈、督脈、衝脈、帶脈、陰蹻脈、陽蹻脈、陰維脈、陽維脈。

　　現將《黃帝內經》和其他傳統醫學經典中關於八脈之言擇要錄於下。

　　「任脈者，起於中極之下，以上毛際，循腹裏，上關元，至咽喉，上頤循面入目。

　　衝脈者，起於氣街，並少陰之經，俠臍上行，至胸中而散。

任脈為病，男子內結七疝，女子帶下瘕聚。

衝脈為病，逆氣裏急。

督脈為病，脊強反折。

督脈者，起於少腹以下骨中央，女子入系廷孔。其孔，溺孔之端也。其絡循陰器合篡間，繞篡後，別繞臀，至少陰與巨陽中絡者，合少陰上股內後廉，貫脊屬腎，與太陽起於目內眥，上額交巔上，入絡腦，還出別下項，循肩髆內，俠脊抵腰中，入循膂，絡腎。其男子循莖下至篡，與女子等。其少腹直上者，貫臍中央，上貫心，入喉，上頤環唇，上系兩目之下中央。此生病，從少腹上沖心而痛，不得前後，為沖疝；其女子不孕，癃痔遺溺嗌乾。督脈生病治督脈，治在骨上，甚者在臍下營。其上氣有音者，治其喉中央，在缺盆中者，其病上沖喉者，治其漸，漸者上俠頤也。」 ——《素問‧骨空論》

「衝脈、任脈皆起於胞中，上循脊裏，為經絡之海。」——《靈樞‧五音五味》

「論言治痿者獨取陽明，何也？

陽明者，五臟六腑之海，主潤宗筋，宗筋主束骨而利機關也。衝脈者，經脈之海也，主滲灌溪谷，與陽明合於宗筋，陰陽總宗筋之會，會於氣街，而陽明為之長，皆屬於帶脈，而絡於督脈。故陽明虛則宗筋縱，帶脈不引，故足痿不用也。」——《素問‧痿論》

「夫衝脈者，五臟六腑之海也；五臟六腑皆稟焉！其上者，出於頏顙，滲諸陽，灌諸精；其下者，

注少陰之大絡，出於氣街，循陰股內廉，入膕中，伏行骭骨內，下至內踝之後屬而別；其下者，並行少陰之經，滲三陰；其前者，伏行出跗屬，下循跗，入大指間，滲諸絡而溫肌肉。故別絡結則跗上不動，不動則厥，厥則寒矣。」──《靈樞・逆順肥瘦》

「蹻脈者，少陰之別，起於然骨之後，上內踝之上，直上循陰股入陰，上循胸裏入缺盆，上出人迎之前，入頄屬目內眥，合於太陽、陽蹻而上行，氣並相還則為濡目，氣不榮則目不合。」──《靈樞・脈度》

「陰蹻、陽蹻，陰陽相交，陽入陰，陰出陽，交於目銳眥。陽氣盛則瞋目，陰氣盛則瞑目。」──《靈樞・寒熱病》

「邪客於足陽蹻之脈，令人目痛從內眥始。」──《素問・繆刺論》

「陽維之脈，令人腰痛，痛上怫然腫；刺陽維之脈，脈與太陽合腨下間，去地一尺所。」──《素問・刺腰痛》

「刺飛陽之脈，在內踝上五寸，少陰之前與陰維之會。」──《素問・刺腰痛》

「《八十一難》云：陽維起於諸脈之會，則諸陽脈會也；陰維起於諸陰之交，則三陰交也。陽維維於陽，綱維諸陽之脈也；陰維維於陰，綱維諸陰之脈也。陰陽不能相維，則悵然失志，不能自持，陽不維於陽，陰不維於陰也。陽維陰維綺絡於身，溢蓄不能還流溉灌，諸經血脈隆盛，溢入八脈而不還也。腨下

間上地一尺所，即陽交穴，陽維郄也。陰維會即築賓穴，陰維郄也。」——《黃帝內經太素》

我們看到經典中對於奇經八脈的描述並不是很確切，甚至唐代王冰認為「衝、任、督三脈，異名同體」。為何會出現這樣的情況呢？我們反觀十二正經，十二正經循行線路看起來都是確定的，但是，十二正經源於六經，而六經是人體六大功能的參照區分方法，故十二正經的本質還是生命本源能力在不同方位的顯現。

生命的本源真陽元氣是無形無象的，而顯現出形象的時候就是《靈樞‧經脈》裏所講的每一經的症狀，這時可以從這些有形的經脈路線上去調整和治療。那麼奇經也是如此。奇經本是正經之補充，故其可對經脈精氣起到蓄養和滲灌的作用。任、督、衝脈雖功能不同，但是，在顯示出症狀並對其進行調節時，這些關鍵點連線可以是相同或相近的，甚至部分和十二正經的有形線路相同也是正常的，不同的只是調整或者說循行的次序和方位。

就如同樣的古琴調弦方式下，可以彈奏出不同的曲子，或如流水之潤下，或如高山之巍峨，或如隱者之恬淡，或如俠客之慷慨一樣。這些弦和音位本身不是音樂，而合於人身心技法後，則顯現為樂曲之象。

人心失其安定，可以樂和之；人身失其平衡，亦可以經調之。六氣如樂曲，經脈如琴弦，琴本悅己，正音清靜，以和身心，身心自然而大樂無聲。經脈亦為調己，使身心暢達調和，中正安舒而復歸無極、太極。

靈蘭藏秘典，修身如治國

以上《靈樞・經脈》一篇，將人生命由道之無形歸法之有形。十二正經各與臟腑功能相關，《黃帝內經》中更有一篇專論人身與大國，臟腑與君臣之聯繫，進一步將不可見的人體內部規律同外部可見的國家各部官員職能聯繫起來。這一篇是《素問・靈蘭秘典論》。

「黃帝問曰：願聞十二臟之相使，貴賤何如？

岐伯對曰：悉乎哉問也！請遂言之。心者，君主之官也，神明出焉。肺者，相傅之官，治節出焉。肝者，將軍之官，謀慮出焉。膽者，中正之官，決斷出焉。膻中者，臣使之官，喜樂出焉。脾胃者，倉廩之官，五味出焉。大腸者，傳道之官，變化出焉。小腸者，受盛之官，化物出焉。腎者，作強之官，伎巧出焉。三焦者，決瀆之官，水道出焉。膀胱者，州都之官，津液藏焉，氣化則能出矣。凡此十二官者，不得相失也。故主明則下安，以此養生則壽，歿世不殆，以為天下則大昌。主不明則十二官危，使道閉塞而不通，形乃大傷，以此養生則殃，以為天下者，其宗大危。戒之戒之！」

下面我們略解讀一下這一篇「非齋戒擇吉日，不敢受也。黃帝乃擇吉日良兆，而藏靈蘭之室，以傳保焉」的

《素問・靈蘭秘典論》。

　　從《靈樞・本神》我們知道，在天地間「德流氣薄」的生機中的一部分，構成了人的精、神、魂、魄而使之成為無形的個體生命，此個體又以心為樞紐從無形化為有形，心是先天無形之精、神、魂、魄對周圍事物的應對和回饋，是天地生機本源在人有形個體的顯現方式。因此，此處有「心者，君主之官，神明出焉」之句。人之生命能力，需心來顯現，並統攝所有後天生命支援系統協調運行，以合乎天地生機之理。心即天之子，神明出於此，百官朝於此。

　　肺屬太陰，主吸收，又為手太陰，為太陰中偏陽者，故在官為相傅，制節國庫之儲備，使不濫用，用必有所益，以強國力。其量入為出，故曰「制節出焉」。相傅之於國，節用而愛民，使民以時，國力日漸興盛。而大腸為其表，屬陽明，傳其道於萬民，為傳道之官，主教化，使上下一心，政令通達，而「變化出焉」。故肺與大腸，表裏相應，將相傅之道傳之四方，使萬民從之，則盛世可期。

　　肝屬厥陰，為由陰入陽之樞紐，有合理調配周身資源之作用，如大將領兵。上兵伐謀，故謀慮為將軍之本。將軍當以最少之消耗達戰略之目標，保境安民，而非窮兵黷武。將軍補相傅之不足，一武一文，文以興內，武以衛外。而內外之間，由膽之決斷分別之。和平之時，內外交通，互通有無，而人、物出入之規則，則由中正之官決斷。故膽與肝相表裏，少陽與厥陰主出入決斷、往來輸

運，為陰陽之樞機。

膻中亦稱心包，為君主之臣使。君主澤利萬民之令，由心主代發出，亦為厥陰風木，欲以國力資源而普惠萬民，故「喜樂出焉」。三焦之決瀆，隨之而行。手少陽決瀆水道，以利喜樂通達四方。故心包與三焦相表裏，主管體內資源合理規劃和調配。

脾胃為足太陰與足陽明，為倉廩之官，故五穀之味皆由此而出。脾主吸收，為五穀入庫主官，而胃主消化，令五味傳遍四方，惠及萬民。「倉廩實而知禮節」，倉廩之官，主國力之根本，不可不重之。張仲景曾謂「四季脾王不受邪」，可知脾胃功能為人之根本，不可不重之。

小腸為受盛之官，屬太陽經，本氣為寒，主將氣化使用之收益約束並收回。其如村鎮收取租稅之最前沿，將無形之利，受盛而化有形。故小腸主液，與君主心官之澤惠萬民相表裏。

腎足少陰為作強之官。少陰本氣為熱，在內與太陽寒相搏而成人之形。人體各部所有用度之本皆在少陰。腎之作強，如國之基礎建設，水利路橋、城防宮殿等皆由此出。人體所有本體功能構建，亦由腎藏精而起亟，應變而出，故曰「伎巧出焉」。膀胱足太陽為其表。州都之官，出入用度暫存之處，應匪患民變執行之所。膀胱收束真陽，令不耗散，氣化而出，故曰「衛外而為固」。是寒氣之用，為足太陽膀胱之官所主。

人體十二官各有所主，各安其位，「高下不相慕」，民德歸樸，則上古天真可期，百歲可全。若十二官失其

德，高下相慕，邪害空竅，四時相失，則必將離病不遠，身遭禍殃。戒之，戒之！

此篇以國之君臣之道，喻人之臟腑之能。理想的國家架構，必當符合人內在之需求，「以人為本」。不要受人的後天慾望支配而構建國家，而要遵從先天自然之規律而構建之。內外交感，同聲相應，國家繁榮昌盛，民亦安享天年。而違此天道，則人患奇病，國遭禍亂。這也是聖人所謂「修身齊家」可推而為「治國平天下」之《大學》之道。

一氣決為六形

「黃帝曰：余聞人有精、氣、津、液、血、脈，余意以為一氣耳，今乃辨為六名，余不知其所以然。

岐伯曰：兩神相搏，合而成形，常先身生，是謂精。

何謂氣？

岐伯曰：上焦開發，宣五穀味，薰膚、充身、澤毛，若霧露之溉，是謂氣。

何謂津？

岐伯曰：腠理發泄，汗出溱溱，是謂津。

何謂液？

岐伯曰：穀入氣滿，淖澤注於骨，骨屬屈伸，泄澤，補益腦髓，皮膚潤澤，是謂液。

何謂血？

岐伯曰：中焦受氣取汁，變化而赤，是謂血。

何謂脈？

岐伯曰：壅遏營氣，令無所避，是謂脈。」——
《靈樞‧決氣》

由《素問‧六微旨大論》我們知道，六經之氣風、
寒、熱、濕、燥、火本為一氣在六經表現出的不同的生命
功能，這六氣構建了人的生命活動基本框架。而決氣中的
一氣化為六名，是指驅動人後天有形的基本生命活動的這
部分元氣運行在不同階段和區域顯化出來的狀態。

精為生命之源，從陰陽相搏而成型。其於生命，如燃
油之於汽車，為動力之源頭。以精為本，推動脾胃倉廩之
官工作，使五穀之味出，上蒸於肺；肺主一身之氣，制節
調配，宣發五味於周身，以支持各部所需能量。而大腸之
傳道四方，令各部功能不過分亢進以避免透支其能。故大
腸主津，以汗出溱溱散其多餘熱度，以傳道疏泄調達助肺
制節各方。肝膽壅遏營氣，將軍決斷之能作用於脈，令氣
有規律而邪不能侵。脾胃中五穀之汁，變化而赤，以心包
臣使之官，合三焦決瀆之能而交通上下表裏。故精出於下
焦，推動脾、胃、肺、大腸之燥濕運化，再得小腸受盛液
化，約束回收外散之氣味，得精、氣、津、液、血、脈之
形，而周遍全身，無非一氣流行，六經之規矩、十二官之
職能化形而用罷了。

至此我們從《黃帝內經》中截取的部分篇目，構成了
一個人體的大概的功能結構模型。有了這個模型，我們就
可以用現代的思維模式去嘗試理解古人的生命觀。

人生合太極

　　人體的生命過程從天地的「德流氣溥」的生機而來，應精、神、魂、魄的先天規律，而有生命之心，以心為樞紐連結後天的意、志、思、慮而成智，心智相合循環不息，人之生命基本規律生生不息。此處先天、後天各有一太極。

　　就先天而言，精為太極圖整體包含的面積；神為太極圖外圈的飽滿程度，如果神充足，則太極圖外圈是一個正圓形；魂為神之往來變化，為太極圖中間那條「S」線；魄為精之出入，為陰中之陽、陽中之陰，正是太極圖中兩個小圓。

　　故從先天「德流氣溥」之大道中取局部生生不息的個體生命本源，可完美地用太極圖表現出《靈樞·本神》所述的「精、神、魂、魄」之間的關係和規律。

　　意與心子母相憶，意為心之本（神）在後天投影之應象。意之所存為志，志為精之後天投射，代表後天太極圖所覆範圍。因志存變為思，思為志陰陽出入之變化，為魄之投影，為陰中之陽、陽中之陰，為太極圖中之小圓。陰陽有出入變化，則其間分隔線變化可成，故慮為魂，為陰陽之間那條「S」形分隔線。

　　人的先天、後天生命規律都可以用太極圖來表達，而

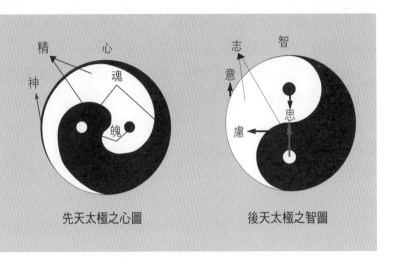

先天太極之心圖　　　　後天太極之智圖

太極作為宇宙之道的演化規律，是無形的，又是無處不在的。太極中包含空間中所有的事物及其變化，因此，空間和時間的標架自然也被包含其中。時空中的生命過程不離太極，我們可以看看描述生命規律的參照系——六經體系是如何體現太極的。

少陰和太陽，熱中有寒，寒中有熱，寒熱相依，表裏互見，是為一太極。

太陰和陽明，濕中見燥，燥中有濕，燥濕無離，吸收運化，是為一太極。

寒熱生風，濕燥見火，厥陰少陽，風火相助，寒熱濕燥相合，是為一太極。

生命來源於宇宙，而太極正是宇宙規則的體現。1993年出土的郭店楚簡裏有一篇《太一生水》，現節選如下。

「太一生水。水反輔太一，是以成天。天反輔太

一，是以成地。天地復相輔也，是以成神明。神明復
相輔也，是以成陰陽。陰陽復相輔也，是以成四時。
四時復相輔也，是以成滄熱。滄熱復相輔也，是以成
濕燥。濕燥復相輔也，成歲而止。」

　　《太一生水》是伴隨《老子》出土的，與《老子》之
間是否有直接關聯，還沒有定論，但此篇無疑也是當時重
要的經典之一。

　　太一是道之體現。在宇宙的生命過程中，太一無處不
在，無時不在。太一之性體現在水。這裏的水，即太極。
將宇宙生機具象化後，太極成天地神明，陰陽四時，寒熱
燥濕，然後成就具體生命個體春夏秋冬、生長收藏的完整
生命循環。故宇宙有太極之道，是生命得以開始的前提。
人生循太極之理，是真正健康的本源。

　　「故歲者，濕燥之所生也。濕燥者，滄熱之所生
也。滄熱者，四時之所生也。四時者，陰陽之所生
也。陰陽者，神明之所生也。神明者，天地之所生
也。天地者，太一之所生也。」

　　接著其又由果到因，反向再敍一遍。這一遍看似多
餘，卻含深意，在《大學》第一章也有與此類似的。前一
遍自無形而有形，自上而下，講太極衍萬物之正軌。後一
段自有形萬物之體返還太極無形之道，為生命個體自我完
善返本還元之路徑。這也是後來周敦頤以道家逆煉修行之

《先天無極圖》順而成化生萬物《太極圖》之理據。

這一遍反向之序，裏面沒有水，如果我們把太一理解成無極，把水對應為太極，則「太一生水」也就是「無極生太極」。因此，生命個體修行返歸於無極，無極生太極，太極又化生生命萬物。如此生生不息是為大道。

> 「是故太一藏於水，行於時。周而或始，以己為萬物母；一缺一盈，以己為萬物經。此天之所不能殺，地之所不能釐，陰陽之所不能成。君子知此之謂聖，是明太一也。」

所以，無極合於太極之中，則萬物化生，周行不怠，以此為萬物母。萬物生長的基本規律不離有餘不足的虛實變化。在天地陰陽之前，能明白無極太極之道，也就達到了聖賢的境界。

在此我們再回顧一下《素問‧上古天真論》最後一段描述的境界。

> 「黃帝曰：余聞上古有真人者，提挈天地，把握陰陽，呼吸精氣，獨立守神，肌肉若一，故能壽敝天地，無有終時，此其道生。
>
> 中古之時，有至人者，淳德全道，和於陰陽，調於四時，去世離俗，積精全神，遊行天地之間，視聽八達之外，此蓋益其壽命而強者也，亦歸於真人。
>
> 其次有聖人者，處天地之和，從八風之理，適嗜

欲於世俗之間。無恚嗔之心，行不欲離於世，被服章，舉不欲觀於俗，外不勞形於事，內無思想之患，以恬愉為務，以自得為功，形體不敝，精神不散，亦可以百數。

其次有賢人者，法則天地，象似日月，辨列星辰，逆從陰陽，分別四時，將從上古合同於道，亦可使益壽而有極時。」

這裏的上古真人，為道之化身，與道天真一體，在天地陰陽之前，故能「提挈天地，把握陰陽……無有終時」。

中古至人，「淳德全道」，合於天地陰陽四時之理，亦可歸於大道之應，接近真人。

其次有聖賢，形於世俗，合於天地規律，而知道之所存，亦可循大道之理而讓生命歷程完善圓滿。

故《黃帝內經》人體生命觀來自傳統的儒道文化，自無而有，立人生命本來之規矩。其以「上古天真」為理想，以聖賢之道教化萬民，以民安國興之理喻「恬淡虛無，精神內守」之理；以「不治已病治未病，不治已亂治未亂」為養生之準繩，以「通經脈，調血氣」為糾偏治病之綱領。其與其他聖人經典「同出而異名」，故可為太極拳保養身心之依據。

太極拳本為自我完善、保身長全之法。其以有煉無，取的是太極生生不息之意。練拳時氣血運行，周行不怠，以有煉無，復歸於無極。故太極拳有無相生，無滯無礙。太極衍萬物，萬物歸無極，無極生太極，終始循環，故太

極拳並無盡頭可言。學者宜抱平常之心，淨意斂神，不丟不頂，勿忘勿助，融太極之理於生活之中，做力所能及之事。久之則自可近道。以下用佛家《四十二章經》中一句話作為本篇結語。

「夫為道者猶木在水，尋流而行不觸兩岸，不為人取，不為鬼神所遮，不為洄流所住，亦不腐敗，吾保此木決定入海。」

融合中西
養身心

人體生態系統

　　我們曾經認為，人體最小的生命單元是細胞，人體有著複雜的結構形態，基於各種細胞構建出各大功能系統，各個系統相互協調，以完成各種生命活動。

　　最近10多年的研究更新了這一認知，人體更像一個複雜的生態系統，其中最多的生命形式是各種微生物。共生在一個成年人體內的微生物數量大約是人體細胞數量的10倍，由這些微生物組成的生物群落幫助我們的身體更好地進行消化、免疫和生長等生理過程。經歷了漫長的進化過程，人體細胞和共生微生物之間建立了一種微妙的平衡關係，這個微生物的生態系統在一定範圍內有自我修復和良性發展的能力。但是如果生態平衡被打破，常常會導致人體生命功能的損害。許多常見疾病都與此相關，比如糖尿病、肥胖、心血管疾病等。雖然現在科學家們還不清楚是因為疾病導致微生物群落的變化還是因為微生物群落變化導致疾病，但兩者存在較強的相關性是確定無疑的。

　　人體健康是由一系列具有非線性、自相關特徵的複雜系統來維持和保證的，以有效的方式保持人體各種生命相關系統的平衡，這些方式和機制是我們當前需要探索和解決的重要問題，也是我們探求太極拳與人健康關係的切入點。下面我們看幾個和健康相關的簡單的例子。

幽門螺桿菌

幽門螺桿菌：2005年巴厘‧馬歇爾因發現了幽門螺桿菌可以導致消化道潰瘍的現象而獲得諾貝爾獎。馬歇爾為了引起醫學界的重視，甚至自己喝下了一杯含有大量幽門螺桿菌的培養液，並於幾天以後被證實得了胃炎。這個諾貝爾獎也意味著幽門螺桿菌被打上了對人體有害的致病細菌的標籤。

此後，用抗生素滅殺幽門螺桿菌成為共識，看起來胃液裏似乎只有這類細菌可以生存，幽門螺桿菌的有害性似乎並不難理解，但是後來的研究表明，問題並非如此簡單。幽門螺桿菌能增加患消化道潰瘍和胃癌等疾病的可能性，但是我們並不能證明它就是這些疾病的致病源。馬歇爾當年喝下培養液得了胃炎但並未患上胃潰瘍，並且在未進行抗生素治療的情況下，2週後胃炎症狀就基本消失了。他在1995年的文章也承認：「幽門螺桿菌感染和胃潰瘍之間不滿足鑒定傳染病源的標準法則（科赫法則）」。

現在越來越多的研究表明，幽門螺桿菌並不能簡單地被認定為有害菌，用過度的抗生素滅殺幽門螺桿菌對人類的健康可能會弊大於利。

有研究資料說明在一些欠發達國家，攜帶幽門螺桿菌的孩子有更低的哮喘的發病率，更不容易得腸炎，過敏和濕疹的發病率也降低。另外，滅殺幽門螺桿菌會對消化道的菌群產生干擾，從而增加罹患其他消化系統疾病的風險。此外還有根除幽門螺桿菌導致

人體激素水準變化的報導。

　　人體失去幽門螺桿菌後還有一個比較明顯的變化，就是體重。一項對92名退伍軍人的研究表明，使用抗生素滅殺幽門螺桿菌的人相對而言體重增加得更快，這是因為幽門螺桿菌可以幫助人體調節饑餓激素水準，從而控制人飲食的慾望，可能殺菌以後，導致進食時饑餓激素水準不能及時下降，從而導致饑餓感延長，進食量增加。

　　如果把幽門螺桿菌作為人體微生物生態系統的一部分，而不是單純的致病性有害菌看待，用生態平衡的意識調整其存在狀態，可能比單純地滅殺效果更好。

脆弱擬桿菌

　　關於人體的共生菌還有一個脆弱擬桿菌的例子。加州理工大學的一個研究團隊發現70%～80%的人體內都有脆弱擬桿菌，這種細菌可以釋放消炎物質，幫助免疫系統保持平衡。脆弱擬桿菌在很大程度上彌補了人體的不足，很多時候它會接管人體免疫系統，並對其發號施令，使人體免疫系統運行更有效率。而如果因為抗生素的使用，使人體失去了這種細菌，人體的免疫功能會陷入紊亂，導致諸如1型糖尿病、多發性硬化症和克羅恩病等疾病的高發。

　　因此，在發現炎症時，我們不應該只考慮消除炎症，而是應該把病症作為一個人體共生群落的表現，

用合適的方式去調整這個生態群落的平衡狀態，從而在消除疾病的同時，盡可能地保持各種人體共生細菌的正常狀態。這種思想其實很接近中醫對疾病的處理方式，不是直接針對症狀，而是用辯證的思維，用系統調節的方法對人體做整體的調整和康復。

嬰兒捂熱綜合徵

這是一個很有中國特色的疾病，中國的家長總覺得孩子會凍著，認為衣服穿得越多就越好，經常見到被裹成粽子一樣、裏三層外三層被包得嚴嚴實實的嬰兒。白天，孩子穿上棉襖、棉褲、棉帽、棉鞋，出門家長還要用棉被包裹，生怕孩子著涼。在孩子熱得大汗淋漓時，很多家長寧願在孩子脖子上塞個吸汗的毛巾也不願給孩子脫掉一件衣服。孩子被約束在厚厚的衣帽裏，身體不得自由，熱量不得散發，因為嬰兒的體溫調節中樞尚不完善，不能有效地調控體溫，積累的熱量會使體溫升高，而過高的體溫會傷害身體器官的正常功能，嚴重的會引起器官衰竭甚至危及生命，每年都有很多孩子因此喪命。

以上兩個共生菌的例子表明，我們針對病症的精確治療可能會干擾到人體這個複雜生態系統的平衡，這種干擾也許會造成非常嚴重的後果，現在越來越多的疑難雜症，可能與我們治療疾病時採用的方法改變了體內的生態環境有關。因此，用我們傳統醫學和傳統文化中對人體平衡的

敬畏和尊重，重新審視和構建現代醫學體系是非常有意義的。

嬰兒捂熱綜合徵是落後的傳統觀念需要現代科學理念糾正的典型例子。孩子體內產生熱量和散失熱量的動態平衡，是孩子學習適應外界環境的開始，而人為地過分強調保溫，就切斷了這個學習的通道，陳舊落後的所謂畏寒畏風的養生觀念，正是孩子健康成長的障礙。

因此，將傳統智慧和現代科技相結合，用平衡和自然的方式調整和保持人的健康狀態，尊重傳統，尊重科學，古為今用，傳統和現代融合必將成為醫療、營養、運動、心理、文化藝術和教育等與人相關的各種學科的一個非常重要的發展方向。

太極拳的核心也是平衡，這種平衡的基礎是人體物質和能量新陳代謝過程中的平衡機制。

人體九大功能系統

我們知道構成人本體的基本單元是細胞，而除本體之外有幾乎是細胞數量10倍的微生物群落在人體內共生，共同完成人的生命功能。

人體從功能上粗分，可分為九大系統，即運動系統、消化系統、呼吸系統、泌尿系統、生殖系統、內分泌系統、免疫系統、神經系統和循環系統。

這九大系統內的細胞和共生細菌互相聯繫，互相制約，又互相滲透，共同形成人體這個特殊而複雜的生命形式。九大功能系統可以大致地被看成是一個完整的人體組成結構，是按照組成人的生命結構的具體功能來分的。

前面我們講過的傳統中醫的六經模型，是基於傳統文化經典來解構人的基本生命功能。具象的九大功能系統，也應該可以用六經體系來分析和解構，從而為太極拳找到現代的理解方式。

我們知道，六經可以分成三組，每一組的功能都處在動態的表裏陰陽的互補和平衡狀態。分別為太陰與陽明，表現為濕和燥；少陽與厥陰，表現為火和風；少陰和太陽，表現為熱和寒。六經運行如環無端，涵蓋人生命活動的所有要素，可謂「其大無外，其小無內。」

六經體系中最重要的是太陰和陽明的濕燥運化，它掌管著人生命中必需的物質和能量的吸收、轉化、利用和排泄。對應十二經脈中的手太陰肺、手陽明大腸、足太陰脾和足陽明胃這幾條人體真陽元氣重兵護衛的經脈（見上一章經脈篇相關講解）。

從功能看跟太陰和陽明這一對功能聯繫最密切的系統有：消化系統、呼吸系統和運動系統。當然其他系統只要涉及物質和能量的代謝過程就離不開太陰和陽明，這三個系統在功能上對應更明顯一些。

消化系統是營養物質的吸收中樞，包括消化腺和消化道，食物在其中消化成為精微物質並被人體吸收，剩下的殘渣被排出體外。

　　呼吸系統包括呼吸道、肺及其血管、呼吸肌等，呼吸系統的主要功能是氣體交換。吸入空氣，為將存儲的養分轉化成能量的有氧供能系統提供所需要的氧氣，並將產生的二氧化碳等廢氣排出體外。

　　運動系統主要由骨、關節和肌肉組成。利用肌肉收縮拉動骨骼和關節將體內的能量轉化為身體運動。而廣義的運動系統包括：中樞神經系統、周圍神經和神經——肌肉接頭部分、骨骼肌肉、心肺和代謝支援系統等。由此也可見，九大系統任何一個系統都不是獨立的，運行起來離不開其他系統的協調和支援。

　　以上三大系統中，消化系統和呼吸系統跟太陰陽明相對應是很好理解的，消化系統的消化吸收是足太陰脾和足陽明胃的主要功能，而呼吸系統對氧氣的吸收也是太陰的功能，偏於手太陰肺。但是，為何將運動系統對應於太陰、陽明呢？我們知道，運動系統的驅動主要是由肌肉收縮來實現的，而肌肉收縮離不開能量的支持，而這種支持能量主要是由體內的營養物質由生化反應得來的，有無氧功能和有氧功能兩種基本功能方式。而我們知道，在太陰和陽明這一對陰陽共生的太極結構中，太陰主吸收，是將體外的物質轉化成體內的養分。而其互補的陽明，就是將由養分轉化出來的能量加以利用的功能。故太陰本氣為濕，為濕中有燥。陽明本氣為燥，為燥中有濕。太陰之濕為凝聚，為滲透，為含蓄。而陽明之燥，為發散，為運化，為開展。故「濕」「燥」二字非常形象，將這一對功能具象成日常都能感受的自然現象。而整個運動系統運轉

時需要的能量支援，就是陽明燥氣的典型表現。

我們知道，營養物質由消化系統獲取，而運動系統需要能量的支援，而營養物質和能量之間的轉化需要呼吸系統從外界獲取的氧氣來支持。這三個系統再加上其他系統的支援和輔助，人類生命活動最重要的物質和能量的代謝基礎就建立起來了。這個以傳統中醫學說的太陰和陽明為核心的質能轉化和代謝體系，就是傳統中醫所說的「中」。傳統中醫的一系列辭彙：中土、中焦、中氣等都與之相關。而其他系統在很大程度上可以理解為是為了保障這個「中」的平衡而存在的。

現代健康理念也講保持食和動的平衡，人體每天攝入的食物包含的能量要和生命活動消耗的能量相平衡。只有這樣，才能保證我們長久的健康。換個角度說，一個人能夠正常飲食，自如運動，也是身體健康最重要的表現。當然，心理狀態的平衡也是非常重要的。

關於健康生活，美國的有氧運動之父肯尼斯・庫珀先生根據他半個世紀的實踐經驗和資料積累，給出了以下有益健康的8條建議。

（1）每年1次的全面體檢。

（2）每週5次的健身活動。

（3）保持健康的體重。

（4）科學合理的飲食。

（5）補充合適的多種維生素。

（6）不吸菸。

（7）適量飲酒。

（8）管理壓力。

根據庫珀先生的統計，按這8條建議去做，平均可以讓男性壽命增加8年，女性壽命增加6年。世界衛生組織（WHO）也有關於健康的四大基石：平衡飲食、適量運動、戒菸限酒、心理健康。這四大基石與庫珀的8條建議在原則上是一致的，庫珀的建議有操作方法和定量標準，顯得更具體些。

庫珀先生的研究主要針對的是美國人，中國人的體質和文化生活的基礎和美國人有所不同，因此，有必要在這8條建議的基礎上做一些分析和解讀，一孔之見，供讀者參考。

8條建議從總體看，與運動和飲食直接相關的占了6條，這也是我們前面講的中醫六經模型中陽明和太陰功能核心作用的體現，在健康生活的基本觀念上中西的認知大致是一致的。

（1）**每年1次的全面體檢**。

大多數的人都沒有每年體檢的習慣，因此，讓大家每年做全面體檢，還是有很大難度的，全面體檢不太可能，那麼我們可以退而求其次，盡可能地瞭解自己比較容易得到的健康指標，比如體重、血壓、心率，還可以觀察和記錄自己睡眠狀況，大小便頻率、性狀等。如果結合中醫的診療，還可以觀察臉色、舌苔、手腳寒熱、是否有自汗和盜汗等。這些情況如果能得到相對全面的觀察和記錄，也

同樣可以作為瞭解自己健康狀況的參照。當然，如果有條件進行全面體檢，得到包括生理生化指標，肌肉、骨骼的健康狀況，脂肪含量和分佈，心血管狀況，有氧能力等定量資料，詳細瞭解自己的身體狀況，對保障我們的健康生活是非常有幫助的。

（2）每週5次的健身活動。

（3）保持健康體重。

人體絕大部分的基因和生理結構都是萬年前人類還在史前文化時期成型的，因此，人體的基礎生活方式是要每天採集或者狩獵的，這個活動量配上並不充裕的飲食，是生活的常態，這種生存狀態保持了幾萬甚至幾十萬年，人體的基因和身體功能都已經和史前的常態生活相適應。而現代人在身體活動量大大下降的同時，充足的食物供應導致的過量飲食成了常態。人類基因對生存狀態的適應至少需要上萬年的時間才能體現出來，而人類社會發展越來越快，很難有一種常態的生活方式能持續上萬年，特別是工業革命以後，人的生活常態持續的時間越來越短，根本不足以使基因結構改變來適應新的常態。

這種不匹配，會導致嚴重的健康問題。我們這個史前人類傳承下來的身體，已經難以適應現在的生存環境了。所以，我們必須在日常的生活中加入適量的運動來縮小這種差別，每週運動5次，是很有必要的。

這個運動量主要是針對城市白領的普遍狀況的，而對一些從事體力勞動的群體，就需要做適當的改變。從活動量來看，體力勞動對能量的消耗是可以替代體育運動的。

但是，從保證身體健康的角度，除了食和動整體的能量平衡以外，還需要兩者保持各自的均衡。

體力勞動和科學的健身鍛鍊之間主要有以下兩點不同。①精神和心理狀態不同。勞動一般有動作要求之外的目標壓力，不能做到心理和精神狀態充分的放鬆。而在體育鍛鍊時，專注於動作的完成，心情可以充分地放鬆下來。②運動效果不同。勞動時經常是幾個固定動作和用力方式的重複，不能根據身體狀況調整運動方式，對身體功能的鍛鍊是片面的，甚至會產生職業性的身體功能損傷。而科學的健身運動會針對身體狀況合理地安排運動方式，避免局部過勞，使身體各部分的功能得到全面均衡的鍛鍊。

因此，即使有體力勞動的充分能量消耗，還是需要用體育鍛鍊的模式使身體功能得到平衡和協調。

身體功能的協調和充分的運動，也是保持健康體重的

關鍵。體重控制其實不是一條獨立的原則，而是吃進食物和合理運動的有機結合。因此，吃什麼和怎麼吃，也是很重要的問題。

（4）科學合理的飲食。

（5）補充合適的多種維生素。

在溫飽問題已經解決的前提下，健康的食物應該滿足食品衛生的基本要求，吃什麼和怎麼吃的問題可以參看中國營養學會最新版的《中國居民膳食指南》。

《中國居民膳食指南（2016）》的幾個要點如下。

中國居民膳食指南2016版相對以前版本的變化（單位：克）

膳食種類	舊版	新版
鹽	6	<6
油	25 ~ 30	25 ~ 30
奶及奶製品	300	300
大豆及堅果	30 ~ 50	25 ~ 35
禽畜肉	50 ~ 70	40 ~ 75
水產品	75 ~ 100	40 ~ 75
蛋類	25 ~ 50	40 ~ 50
蔬菜類	300 ~ 500	300 ~ 500
水果類	200 ~ 400	200 ~ 350
穀薯類	250 ~ 400	250 ~ 400
水	1200	1500 ~ 1700

這裏我們要解釋一個重要的概念：全穀物。

所謂全穀物是指：僅僅脫去了最外面的穀殼、未精細化加工的完整穀粒，或者這種完整穀粒經過碾碎、粉碎、

壓片等處理但仍保留完整穀粒所具備的胚乳、穀胚、穀皮及其天然營養成分者。

全穀物的例子：全小麥、糙米、大麥、燕麥、蕎麥、高粱、黑米、小米、薏米、玉米等。以上穀物經過適度加工，基本保留完整穀粒的營養的製品，如全麥粉、燕麥片也是全穀物。

膳食寶塔中對全穀物的推薦量個人認為是偏低的，與之相應的《美國人膳食指南》建議全穀物至少應占一天吃的穀物量的一半。那麼為什麼全穀物對人那麼重要呢？先來看穀皮、穀胚、胚乳所含的營養成分。

穀皮：膳食纖維、B群維生素、維生素E、礦物質等。

穀胚：富含蛋白質、脂肪、多不飽和脂肪酸、B群維生素、維生素E和礦物質。

胚乳：主要是澱粉，少量蛋白質、B群維生素、維生素E和礦物質。

穀物經過加工成為精製穀物後，穀皮、穀胚去掉了，很多重要的營養素也就被去掉了。例如：糙米的維生素B_1是精米的4.5倍、維生素E是精米的6.25倍，其他營養幾乎也是精米的2～3倍。

有研究證明，增加全穀物的攝入，可以降低心血管疾病、多種癌症和糖尿病發病的風險，也有助於控制體重，減小肥胖的風險。

總之，對我們這個史前就已經成型的身體來說，對全穀物的消化吸收可以充分調動身體各部分的功能，對健康更為有利。從六經的角度，太陰功能的充分發揮，也給其

他經脈特別是陽明的正常運行提供了堅實的基礎。

在科學合理飲食的基礎上，額外的維生素補充其實並不是必須的。

雖然流行病學的研究表明多吃水果和蔬菜（富含維生素及其他抗氧化物）的人往往比不吃水果和蔬菜的人更長壽，而且患癌症的概率也更低，但是一些嚴謹的科研結果並不支持服用抗氧化膳食補充劑使人更健康的結論。相反，這些研究表明部分服用抗氧化劑的人更容易患致命疾病，比如肺癌和心臟病。

以前科學家普遍認為自由基引起細胞的氧化損傷，從而導致衰老，很多人因此服用抗氧化維生素以抵抗衰老。最近的研究發現，在某些情況下自由基反而可能使動物更長壽，這就意味著健康人服用抗氧化的維生素或其他膳食補充劑對機體可能造成的危害會大於其益處。德國弗里德里希·席勒大學的營養學教授邁克爾·里斯托（Michael Ristow）和他的同事，比較了服用和不服用抗氧化劑的鍛鍊者的生理狀況，結果是沒有服用抗氧化劑的鍛鍊者更健康。

1996 年一項 1.8 萬名受試者參與的研究表明，與不服用抗氧化劑的普通人群相比，服用 β-胡蘿蔔素和維生素 A 的人群肺癌發病率提高了 28%，死亡率提高了 17%，肺癌發病率和死亡率的提高在研究開始 18 個月後變得明顯。尤其在重度吸菸者群體和暴露於石棉纖維的吸菸者群體中，肺癌發病率和死亡率提高得最

顯著。

2007 年科學家回顧了 68 項與維生素有關的科學研究，在綜合了 47 個最大限度避免了主觀偏見的臨床資料後發現，服用維生素使早死率提高了 5%。進一步研究表明，早死率提高與服用 β-胡蘿蔔素、維生素 A 和維生素 E 有關。

目前超過一半的美國人每天服用複合維生素補充劑，透過這種方式攝入大量的維生素 E 和 β-胡蘿蔔素等。基於以上研究，如今包括美國心臟學會和美國糖尿病學會在內的諸多機構都建議，在沒有被確診為維生素缺乏症的情況下，不要服用抗氧化維生素。（內容引自《環球科學》雜誌社出版的《生機無限—醫學 2.0》一書）

以上抗氧化維生素的例子並不僅僅限於維生素補充劑，在中國更嚴重的問題是各類所謂的保健品和補品，人的身體是一個複雜的強非線性的系統，健康問題不可能用缺什麼補什麼的線性系統處理經驗去對應解決。

市面上的保健品聲稱的補充營養，提高免疫力的效果並沒有真正嚴格統計資料的支援。身體健康沒有捷徑，量入為出，保持身心平衡，合理飲食，適量鍛鍊，調整心態才是真正有效的解決之道。

中國傳統醫學理念中有一條認知是和現代營養學不同的，在中國傳統觀念中，不僅僅是食物中含有的

營養元素是人體健康必需的，更重要的是食物進入人體以後引起的六經功能的變化和應對，也就是消化吸收過程中人體和食物互相作用的過程本身也是必要的。從這個角度看，食物中的維生素並不是一個單一的要素，而是與食物中的其他成分一起影響著人體這個複雜生態系統的平衡，因此，單獨補充維生素與維生素作為食物的有機組成被人體吸收是兩個不同的過程，引起的結果自然也是不同的。同樣的道理也適用於中醫中藥，有效成分的作用其實不僅僅是現代醫學認知的有效成分對人體的影響，還包括藥方裏的所有組分在人體內綜合作用的效果及所引起的身體狀態的變化。其具體作用細節我們雖然並不清楚，但其表現和結果又符合中醫辨證角度的可預知性。

中醫經典從人與自然相類比出發，透過感悟和實踐，從宏觀上總結提煉出一些可以掌握和利用的重要規律。這也是現代科學和傳統中醫之間的根本區別之一。現在有科學家提出對中醫要「廢醫驗藥」，對此我是不完全贊同的，我認為比較客觀的態度是「存醫驗藥」。存醫的依據有二：其一，對人體這個強非線性的複雜生命體，現代科學認知得還很有限，對認知人體生命過程的另一種可能的方法我們不應簡單否定掉；其二，傳統中醫有其內在思維體系的一致性，並且有能力用療效來驗證這種一致性。

中醫理論並不是固步自封、一成不變的，現代科學的研究、檢驗方法和最新成果，都可以作為中醫的

養分以及不斷發展和完善自己的動力。這樣發展下去，相信總有一天，兩者會合二為一，被未來更完善的醫學體系所融合。

另外，我主張對中藥做現代科學的檢驗，並不是要用現代醫學的方法去驗證其成分的有效性，而是把現代科學作為一種嚴格的判據引入到中藥檢驗中來，剔除其中對人體有害的成分，如對於含有馬兜鈴酸等對人體有確切毒害作用的中藥，可按照中醫對藥性的要求找到其安全的替代藥物，在整體保證一定療效的基礎上，降低有毒、有害的不良反應。另外，中藥的種植、採摘、炮製過程本身也是與效果相關的，因此，相應的規範和檢驗標準的建立和完善，也是一項非常艱巨的工作。古法我們要尊重，但不能盲從，現代科學方法的檢驗是使中藥保持自我更新的活力，從而使其變成更加安全有效的重要手段。

以上部分為題外話，以此闡述我對中醫與現代醫學的一點認知，一孔之見，還望方家不吝賜教為盼。並以此兼論關於營養素的中西認知的差別，給所謂吃維生素片補充維生素、紅棗能不能補血、蜂蜜是不是糖漿等一系列傳統和當代認知衝突做一個旁注。同時，對庫珀先生的第五條建議「補充合適的多種維生素」提出商榷。

（6）不吸菸。

（7）適量飲酒。

這兩條和世界衛生組織的「戒菸限酒」基本相同，但

又有所區別。「不吸菸」包括沒有開始吸菸的不要吸菸，已經開始吸菸的要戒菸兩層意思。吸菸有害健康，已經是社會共識，大量的研究都證明吸菸對人體的傷害，並且其與癌症和心血管疾病發病率有明顯的相關性。而且，吸菸還會污染室內環境，影響到本身不吸菸的人的健康。因此，未吸菸者不吸菸，已吸菸者要戒菸應該成為一種共識。但是，有部分吸菸者會用一些相反的個例來說明戒菸的風險，如某人原本每天吸菸，身體表現正常，而戒菸後身體狀況卻突然變壞了，甚至還很快就患病住院了。這些實例有一部分確實是事實。這也說明人體平衡的複雜性，一旦已經吸菸成習慣了，這種狀態本身也可以看作是生病的狀態。身體和心理對吸菸行為有了一種依賴，而戒菸過程，相當於幫助身心脫離這種依賴的治療和康復過程，是不能簡單地採用千篇一律的方法的。

重度吸菸的人在戒菸時應隨時諮詢醫生，並經常體檢，以監測自己身體的變化，如有不適，應及時就診。另外，適量的運動和飲食調節，在戒菸過程中是非常必要的。還要注意對自己心理壓力的舒緩和管理，這也是庫珀8條中最後一條的內容「管理壓力」。

飲酒的問題也比較複雜，合格的酒精飲料可以成為人健康食譜的組成部分，但是，和一切可能讓人成癮的食品一樣，酒對健康也有兩面性。一方面酒可以緩解壓力，小酌怡情。另一方面，酒精飲料刺激消化道，加重肝的負擔，可能會增加患多種癌症和心血管、腦血管疾病的概率。當然，過量飲酒還會增加摔倒骨折、凍傷、駕車出車禍的概率。

　　美國2015版膳食指南對健康人群的適宜飲酒量給出了建議：「平均每天的飲酒量，女性不超過1個標準飲酒單位、男性不超過2個標準飲酒單位，而且在一天之內，女性不超過3個標準飲酒單位、男性不超過4個標準飲酒單位。」

　　其中所謂的標準飲酒單位，是指0.6盎司的純酒精，大約是18毫升。折算成啤酒大約相當於355毫升的一聽易開罐裝的量，而對應酒精度40度的白酒大約37.5毫升（不到一兩），普通紅酒大約150毫升，15度左右的黃酒120毫升（二兩半左右）。

　　這個建議是給有飲酒習慣的健康人做了一個適量的標準，在這個建議飲用量下，飲酒對人體的傷害表現得不明顯。至於飲酒的好處，目前暫時沒有有效資料的支援，所以，這個建議並不是讓沒有飲酒習慣的人開始飲酒。當然，在中醫裏有用藥酒治病的傳統，酒作為藥用當然要遵醫囑，並不在此限中。

　　強調一下：如果有駕駛行為，一定要遵照法律法規的規定，絕對禁止飲酒！

　　關於飲酒，前面我們在《黃帝內經》的「上古天真論」篇裏也提到過不能「以酒為漿」，不能把像酒一樣能上癮的東西當成瓊漿玉液，飲之無度。在這點上，古今醫學認知基本是一致的。

　　（8）管理壓力。

　　其實上面的吸菸、飲酒問題也跟管理壓力有關，只是

用吸菸的方法來舒緩壓力，所要付出的身體健康代價太大。因此，在戒菸的同時，還需要用健康的習慣來管理自己的壓力，比如培養一項像練習太極拳這樣的愛好，讓身心得到舒緩和解壓，對煙草的依賴也會慢慢緩解。曾有一些透過練太極拳戒菸的成功個案，以後如果有條件，可以對此做深入的研究。抑鬱症患者在現代社會裏有增多的趨勢，而且很大一部分自殺行為都與此病相關，在上一章從《黃帝內經》的「經脈」解讀中我們也看到了中醫經典中和抑鬱症相關的症狀描述和治療原則。在用針灸、醫藥手段治療的同時，還須用適量的運動來配合。這是對處於生病狀態的人的壓力管理，對健康人也有借鑒意義，適量運動，是預防各類疾病的最優方案。

從以上可知，飲食與運動平衡、注重調心是健康生活的必要保障，在此，我們找到了一部分傳統中醫觀念和現代醫學的對應。特別是中醫六經概念中的陽明和太陰功能在現代人體系統中的對應，讓我們有可能用現代的思維方式去理解傳統中醫對健康生活的要求，這樣也就有了一個理解傳統武術、傳統太極拳的具體作用方式的介面。

六經中另外兩對：太陽和少陰，少陽和厥陰也可以做類似的分析，在此不再贅述，讀者有興趣可以自行研究，所謂中西醫結合，最好從各自對人體的基礎認知入手，找到互通的基點，方能真正互相有正向的支持和幫助。而如果簡單地從操作方法和藥物入手，則容易在繁雜的枝葉之中陷入迷失。所謂「君子務本，本立而道生」，大約如此。

上面我們曾多次提到了適量運動的概念，那麼什麼是

適量運動呢？在這裏我們有必要瞭解一下運動過程中人體能量的提供和消耗的模式。

人體三大供能系統

　　肌肉中儲藏著多種能源物質，主要有三磷酸腺苷（ATP）、磷酸肌酸（CP）、肌糖原和脂肪等。其中只有三磷酸腺苷（ATP）中儲藏的能量是人體細胞可以直接利用的，其他形式的能量必須轉化成ATP才能被機體利用。一般人體內儲藏的ATP量很少，只能維持人體1～3秒的劇烈運動，此後的運動必須由其他儲能物質轉化出ATP來維持。人體有以下三種提供ATP的生理機制，被稱為三大供能系統（見人體三大供能系統示意圖）。

磷酸原供能系統

　　磷酸原系統（ATP-CP系統），通常是指三磷酸腺苷（ATP）和磷酸肌酸（CP）組成的系統，由於二者的化學結構都屬於高能磷酸化合物，故稱為磷酸原系統。

　　對於各種生命活動所需的能量來源，正常條件下組織細胞中的高能化合物多以磷酸肌酸（CP）的形式存在。而磷酸肌酸釋放的能量不能被細胞生命活動直接利用，必須先轉換成ATP的能量，細胞才能有效利

用。這種供能系統提供能量較少，劇烈運動8～10秒即可將此系統提供的能量消耗完。

糖酵解（無氧）供能系統

糖酵解是葡萄糖或肌糖原在組織中進行類似發酵的降解反應過程。生成丙酮酸或乳酸，同時釋出部分能量，生成ATP供組織利用。此過程沒有氧的參與，故稱為無氧供能系統。

（1）糖酵解的主要特點是迅速提供能量，這對肌肉的收縮非常重要。

（2）機體在進行劇烈和長時間運動時，骨骼肌處於相對缺氧狀態，啟動糖酵解過程可以快速補充運動所需的能量。

（3）神經、白細胞、骨髓等代謝極為活躍，即使不缺氧也常由糖酵解提供能量。成熟紅細胞僅依靠糖酵解供應能量。

糖酵解途徑是體內葡萄糖代謝最主要的途徑之一，也是糖、脂肪和氨基酸代謝相聯繫的途徑。糖酵解途徑的中間產物可轉變成甘油，以合成脂肪，反之由脂肪分解而來的甘油也可進入糖酵解途徑被氧化。而丙酮酸也可以與丙氨酸（構成蛋白質的基本單位）相互轉變。

有氧供能系統

有氧供能系統是指糖或脂肪在氧的參與下分解為

二氧化碳和水，同時生成大量ATP。有氧供能系統是進行長時間耐力活動的主要供能系統。

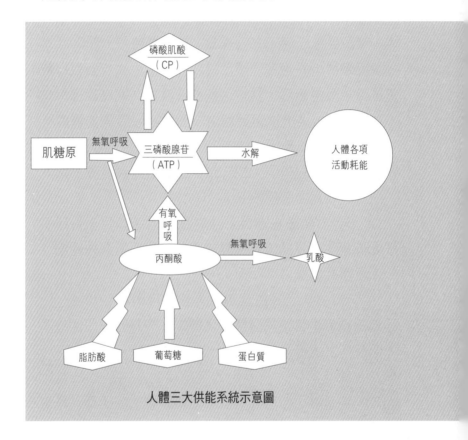

人體三大供能系統示意圖

生物體內的其他一切活動利用的都是來自ATP水解產生的能量，而以上三大供能系統是人體將體內的能量物質轉化為ATP的三種不同機制。

糖酵解供能最終產物有乳酸，乳酸的堆積會使人肌肉酸痛，同時也抑制ATP的生成，機體會因缺乏ATP提供能量而產生疲勞。

運動與健康

　　一般來說人體的三套供能系統都是同時發揮作用的，不可能截然分開，只是隨著運動的時間、強度等的變化，各自所占的比重會有所不同。短時間激烈運動（10 秒以內）基本上依賴磷酸原系統供能。長時間低、中強度運動時，以糖和脂肪酸有氧供能為主。而運動時間在 10 秒至 10 分鐘內的全力運動，所有的能源儲備都會被動用：運動開始時，磷酸原系統被動用，然後是糖酵解供能，最後糖原、脂肪酸、蛋白質有氧代謝也參與供能。

　　運動結束後的一段時間，骨骼肌等組織細胞內有氧代謝速率仍高於安靜時水準，這時產生的能量用於運動時消耗的能源物質如磷酸原、糖原等的恢復。

　　按不同供能系統所占比重，大致可以將運動分為無氧運動和有氧運動兩種。所謂無氧運動，就是短時間大強度的運動方式，供能以磷酸原系統和糖酵解無氧供能為主，比如田徑項目中的 100 公尺跑、跳高跳遠，還有投擲類項目等，都是以磷酸原系統供能為主的運動；而 400 公尺跑、800 公尺跑等項目就是以糖酵解無氧供能為主。

　　這兩類都不需要氧參與供能過程，故都是無氧運動。而長距離跑、競走、馬拉松等都屬於有氧供能為主的運動，也稱為有氧運動。

　　但是運動持續時間並不是區分有氧運動和無氧運動的絕對標準，有一些對抗性比較強的運動，比如足球、籃球、排球等，雖然每次運動持續時間都很長，卻不能稱為有氧運動。這是因為在這類運動中，運動員處於間歇無氧供能的狀態，其主要供能方式還是以無氧為主的。

　　那麼在這個意義上，太極拳屬於什麼運動呢？

　　一般來說，太極拳屬於典型的有氧運動，呼吸和動作充分配合，給機體提供充足的氧氣，這樣練拳，持續時間即使超過半小時，也不會氣喘吁吁。這樣的狀態可歸於有氧運動的狀態。但是，並不是說太極拳就一定是有氧運動，其實太極拳也是可以有無氧運動的練法的，高負荷大強度的練習方式，中間間或以舒緩柔和的有氧運動狀態做連接和恢復。只要調配合理，也可以是一種非常好的全面鍛鍊身體素質的方法。對不同的人，不同的鍛鍊需求，同樣一套太極拳，可以有不同的練習方式。

　　現在，太極拳主要是以有氧運動的方式幫助人們鍛鍊身心的，那麼有氧運動有什麼效果呢？

　　1968年，肯尼斯·庫珀先生出版了他的第一本著作：《有氧運動》。這本書在運動健身的歷史上有著非常重要的地位，這本書的熱銷，讓從事有氧運動成為一種風尚，並因此改變了大多數美國人的生活方式。大家慢慢地把跑步作為一種流行和時尚，參與長跑、慢跑的人越來越多，這樣到了20世紀80年代，美國因為心血管疾病而死亡的人數的比例下降了48%。這是非常了不起的成就，因為在同時期歐洲大多數國家的同類疾病死亡率都是上升的。而

美國不但沒有升高，還大幅度下降，這部分歸因於美國當時參加有氧運動人數的大幅增長。這個事實在一部著名的美國電影《阿甘正傳》中有所體現，從阿甘在美國東西海岸的往返跑的行動得到大群人的支援和陪跑，也能窺見一斑。

到現在大家基本上形成了一個共識，人的有氧能力可以作為一個臨床的重要指標。這個指標的地位和血脂、血壓這些重要的生命指標是一樣的。有氧能力的單位叫梅脫，健康人安靜狀態每公斤體重每分鐘消耗的氧氣平均為3.5毫升。當我們動起來的時候，耗氧量會增加，梅脫數就是增加以後的耗氧量相比基礎耗氧量的倍數。比如說梅脫值是10，每公斤體重每分鐘的耗氧量就是35毫升。基礎代謝是維持體溫、身體的基本功能的能量消耗。清晨剛睡醒，還沒有活動起來，這個時候測出來的基礎代謝是比較準的，開始活動以後代謝量就增加了。

一個人的最大梅脫值就是他運動量增加到極限時能夠達到的梅脫值，這個資料是可以測出來的。說一個人有氧能力差，就是他能達到的最大梅脫值比較小，當最大梅脫值小到5以下的時候，這個人的身體素質就比較差，相應的死亡的風險就會比較高。

但是只要能夠參與健身鍛鍊，把最大梅脫值提高到6左右，死亡率就會下降到一半左右。如果最大梅脫值能夠達到8以上，基本上就可以認為身體處於健康的狀態。因此，最大梅脫值可以作為一個與死亡率相關聯的重要健康指標，而經常進行合理的體育鍛鍊，可以有效改善這個指標，從而降低死亡風險。

太極拳對改善人體素質的作用

　　下面我們來分析一下太極拳在改善人的基本運動素質中的作用。

　　人的基本運動素質包括：力量、耐力、速度、靈敏度、柔韌性等。其中力量大致分上肢力量、下肢力量和核心力量，速度又分反應速度、動作速度和位移速度。

　　太極拳作為一種運動方式，一般的認知是可以改善人的柔韌性和靈敏度，大部分人都不認為太極拳可以增強力量、耐力和速度。特別是力量，因為各種原因被有意無意地弱化了。其實所謂太極拳的「四兩撥千斤」，並不是要求太極拳練習者只能有四兩力。一個人的力量是和肌肉的數量和品質相關的，而保持一定量的肌肉是我們的免疫系統能有效運行的保障，因此，練太極拳的目的絕不是弱不禁風。那麼，為什麼太極拳特別強調「放鬆」和「不用力」呢？我們知道，所有的身體運動都需要骨骼肌的收縮來產生動力，在沒有練習太極拳之前，每個人都有自己習慣的用力方式，這就意味著在做一個動作時，我們有自己習慣的調用肌肉的方式。

　　有習慣，就意味著不均衡，做到同樣的動作，可能會有不同的肌肉協同方式都可以達到同樣的目的，練太極拳的時候，讓你放鬆，首先就是讓最習慣受力的肌肉鬆下

來，但是這些肌肉放鬆的同時還要保證動作的順利完成，這就有了讓人調用自己不習慣調用的那部分肌肉或者使用不同的肌肉協調方式的可能。

因此，所謂的放鬆和不用力，裏面包含著兩層含義。

首先，是將自己原本習慣的最容易調用的肌肉力量減小，用平時不習慣的或者無意識調用的肌肉力量去替代，這樣就鍛鍊了日常很少使用的那部分肌肉，讓全身的肌肉結構趨於均衡和協調。

其次，放鬆的目標是不用多餘的力，用最小的力量達到動作的目標，這就意味著肌肉之間沒有多餘的損耗和對抗，這也是增強人的速度、耐力和靈敏度的必要前提。

太極拳練習時，動作和呼吸是以特有的節奏配合在一起的，全身肌肉協同，沒有局部的僵力，保證了循環系統能順暢地將氧輸送到全身各處，身體各部分的有氧功能啟動和運行也相對會比較順暢，因此，太極拳運動時，相對同等強度的其他體育項目，在運動過程中有氧供能的比重應該會相對更高一些。跟前文食物營養的認知相同，在運動中，傳統太極拳並不以單獨使一種或幾種身體素質提高為目標，太極拳對運動模式的組合和配比，是要同時調整全身所有的身體素質和臟腑功能的，這就是所謂的「損有餘而補不足」。

讓身體糾正偏差，回到中正安舒的狀態上去。讓身體各部分的功能以最有效的方式運行，讓身體各種素質都達到與當前臟腑功能理想匹配的程度。量力而行、無過不及、不丟不頂，是太極拳練習的原則、養生的保證，也是

太極拳對敵技擊的特點。太極拳非視覺，不表演，其意也源於此。表演意味著要用自身的某種極致狀態去取悅觀眾，而追求這種極致大多是需要「損不足而益有餘」，透支自身相對較弱的功能去修飾本已是最強的那部分能力，這是與太極拳的基本原則相悖的。

因此，太極拳練習過程中時刻不能丟掉平衡和對稱，平衡和對稱，也是太極十三勢中的「中定」和「掤」勁的現代表達方式。

太極拳是一種全面改善身體素質的運動方式，這種改善，以前可以用技擊實戰的能力來衡量，在各種環境條件下，在生命安全受到威脅時，能用最有效合理的方式去應對，以提高自己的生存概率，比如在戰場上，存活率高的技術就是合理的，這種合理性不是人為判定的，而是用殘酷的生存競爭選擇出來的。而在現代，用現代醫學檢測來定量測試代表身體素質的參數，可以用作太極拳練習效果的核對總和參照。

我們在學習傳統文化，學習太極拳的過程中，無論傳統與現代、東方與西方，所有最優秀的人類智慧結晶都應該為我們所用。身體力行地在實踐過程中滲透融合，為我們的身心健康找到平衡的保障。

太極拳從根本而言，並不僅限於一種運動方法，而應是對我們的生活習慣的全面調整和改變，我們當糾正偏差，從太極拳運動時對身體的要求，推而廣之，讓我們在日常的生活和工作中都做到中正平和。

輕敲太極之門

（上）

前面幾章，我們橫貫中西，縱覽古今，將太極從一個宇宙本源的概念，落實到人身，太極是我們可以用自己的身心去踐行的方法。太極拳，以人之軀體動靜變換，合臟腑呼吸運化之道，衍無極太極終始循環之理。在《太極拳勁意圖解——非視覺太極》中重點解析了傳統**太極拳的一些基本功法和基礎套路練法**。

在本章中，我們會進一步闡述**太極拳進階的拳法功法要點**，和對**身法、氣勁的進一步要求**。然後，會用一些具體的練習功法來進一步闡述如何做到太極拳的要求。

太極拳要領進階

太極拳的放鬆

放鬆是太極拳中最基礎的概念，也是最令人迷惑的太極拳要領之一。從人體的結構我們知道，做任何一種運動，都離不開肌肉收縮做功，甚至只是簡單的站立，也是需要很多肌肉協同收縮，來保持各關節處於合適的狀態以及身體姿勢。因此，放鬆並不是讓肌肉不用力，而是訓練合理用力的能力。

放鬆的第一步要做到：不用多餘的力。這一步要求我們能夠將不必要使用的肌肉放鬆下來，讓經常處於緊張狀

態的局部肌肉得以放鬆。並能參與到整體的協調運行中去，達到整體運動時肌肉變化的同步和協調。

第二步要做到：讓自己習慣使用的肌肉放鬆下來，從而建立新的肌肉運動模式，讓盡可能多的肌肉參與到運動中來。這一步要求我們在運動時能用平日裏不常使用的肌肉去補償和替代自己的習慣，這一過程，也是一個換勁的過程。將自己習慣的神經傳導和肌肉組織方式加以改變和替換，讓盡可能多的肌肉參與到運動中來，從而使全身肌肉得以協調和均衡。減少因局部肌肉過度疲勞導致的勞損，也讓全身氣血循環能夠更加完整和順暢，從而改善各種肌肉疼痛症狀，全面提高身體素質。

第三步要做到：自身肌肉用力和重力，慣性和其他外力能自然協同，充分借用外力來替代肌肉作用。這一步是太極拳練習中至關重要的一步，自身的盡力與外力之間由原先的分立和對抗轉化為統一與和諧，借一切外力為我所用，替代部分肌肉筋骨的力量。這對自身神經的敏感，本體感受和肌肉的協調有著極高的要求，只有能熟練掌握這個要求，才能在瞬息變化的實戰中應用太極拳捨己從人的原則，做到以巧對拙，四兩撥千斤。練拳時才能內外相合，形神如一，纏繞折疊，連綿不絕。

因此，太極拳雖言放鬆，在練習時卻要做到鬆緊合度。沒有肌肉的收縮和舒張，就不能完成人體運動動作。而之所以言放鬆，對初學者，是說用合乎太極拳的運動方式去替代原先習慣的不合理的用力模式，將神經，肌肉的不合理協同方式替換成均衡自然的太極拳運動模式。收縮

和緊張是人體本來就會的習慣性反射，而用放鬆和自然的狀態去應對外界的刺激和壓力是需要用合理的方法反覆訓練的。太極拳就是這樣一種訓練方法，讓我們改變原先運動中不均衡用力、過分用力和局部僵硬的習慣，代之以自然、協調和自如的太極拳勁力模式。

主宰在腰

太極拳要求以腰為主宰，要做到這個要求，首先要做到立身中正。腰為一身之中節，上下之樞紐，這個樞紐要靈活自如，則頭頂虛靈頂勁不可丟。頭上頂之勁要變化靈活，不可僵硬，則頸部肌肉須放鬆，用意和氣上貫頭頂百會以上，而鬆開脊柱頸椎、胸椎兩旁的大肌肉群，從而調用脊柱深層的小肌肉群自主調整脊椎關節的合理位置，同時放鬆髖關節，讓尾骨成為脊柱下端之重錘，有下墜之勢，將脊椎節節理順，這也是練拳時幾乎所有定勢的共同要點，也是身法纏絲開合時的中定位置。在這個位置，腰的作用只是自然的上下連結，腰以上的脊椎基本是向上領的狀態，腰以下的尾椎和胯骨處於下墜的態勢。腰為上下之樞紐，並不凸顯其地位，自然前凸的生理彎曲保證了腰部自然的彈性緩衝。四肢百骸各安其位，五臟六腑各行其是，中正安舒，無過不及，此時腰為一身勁力之中位。

當身法開合變化時，合勁腳下五趾抓地，腳心含空，此時小腿處相應肌肉收縮，令脛骨和腓骨穩定，以承載膝關節之變化。尾骨和骨盆向前兜，連帶髖關節前部略打

開，腰部命門後凸，大腿、小腿和足構成一弓形穩定的彈性支撐，頭部領勁加強，脊柱構成與腿部反向的弓形，肩肘掤勁裏合併下沉，此時，軀幹和腿部兩弓勁力相合在腰部。此時肩胯部位四大塊相合合在腰上，四肢分別合在肩膀和胯上，腰為整體勁力相合的重心，此時尾椎骨如蓄勢待發之弩箭的扳機，機一動，弩即發，勁力傳遞方向大小皆由腰來樞轉和分配，就如弓之弓把，前手推握之處，把握箭出之去向。以腰為樞紐，脊柱的前後開合、左右虛實和軸向擰轉等不同的協調方式，也就決定了勁路在周身傳遞運行的變化。

因此，腰為主宰，主要是對太極拳練習時一身勁路運行和變化而言的。腿勁合於腰，則有沉穩之意，肩臂合於腰，則無散漫之患。其他拳法如通臂拳也有「腰為主帥膀為根」的說法。在傳統武藝中，對勁力的整勁要求是共通的。

但是也有人說丹田是主宰和核心，這種說法是從氣之根本和歸處來說的。腰之命門與腹之丹田，恰構成陰陽之平衡，意氣歸於丹田，勁力歸於命門。意氣和勁力自然權衡以平，卻無雙重之病。故命門與丹田，腰與腹，既各有所主，又互相協調。關聯全身意氣勁力，以中節為主帥，氣走勁隨，腰腹折疊轉換，勁意鬆活圓整，學者在平時習練過程中應多體會其中妙處。

太極拳對三盤身法的要求

太極拳對身法的總體要求是立身中正，那麼在拳勢變

化時，在保證中正的基礎上，上、中、下三盤身法又該有什麼具體要求呢？

下盤要沉穩

下盤是要支撐全身重量，還是驅動重心變化的源頭，也是一身勁力傳遞的根基。因此，下盤沉穩有力，是身法中正，勁路順暢的基礎。也是放鬆的前提。

具體要求：胯不輕轉，腳不喝風，腳趾或抓地，或上挑令相應肌肉收縮以穩固小腿，讓膝關節受到穩定承托，這也是保障膝關節安全的基礎。

中盤要鬆活

所謂中盤是以腰腹為核心的勁氣主宰和控制系統，上接頭頸肩臂，下聯襠胯腿足。以腰脊屈伸擰轉為表現形式，為虛實變化之樞紐，故應以鬆活統之。腰脊是神形改變方向的主要樞紐，下盤弓馬定位，腰脊靈活擰轉。

上盤要虛靈

所謂上盤，主要是指頭部和上肢，頭頂精神領起，不可用力強頂，似領非領，意在虛靈。手指尖領勁，帶動手臂順逆纏絲螺旋。頭為全身之主帥，所謂眼觀六路耳聽八方，靈識應虛籠各方，對內統領周身關節骨骸，運轉靈便，無滯無礙。手為拳法先鋒，屈伸開合，纏繞螺旋皆應以虛靈統之。

以上要領是太極拳由有形之肢體運動而如無形之渾然一體之關竅，學者宜從此中細細體察感悟。

下面略舉幾個基本功進階練法以為學者入手之實踐。

太極拳基本功進階

動態混元樁

視頻：動態混元樁

混元樁基礎功法要領見《太極拳勁意圖解——非視覺太極》之「拳功基礎篇」。

左右變換重心

【動作說明】

在保持混元樁站樁要領基礎上，吸氣，並隨吸氣右腳五趾抓地，令腳心含空，足背弓起，重心隨之右移，右膝有上提之意，右胯下坐並略向前兜起，右臀和腰部右側收緊，意識將左肩與右胯相合，將勁合在腰中命門，左胯放鬆。當重心完全移到右腿時，呼氣，右腳趾尖領勁，前伸並上挑，腳心貼地，膝向前下紮。同時頭頂上領，鬆胯下墜。腰中命門和右臀部放鬆，右胯略向後放開，與膝向前紮成對稱之勢。

腰部恢復自然生理彎曲，此時，身體重心線通過右腳湧泉穴和腳跟連線中點。右腳內外側受力均勻，鼻尖、右腿胯關節中心、膝關節髕骨中點和右足內側第二趾尖大致在一個平面上。

動態混元樁定勢

正

側

動態混元樁重心右移合勢

隨吸氣，將左腳腳趾抓地，重心隨之左移，右腳腳趾
自然放鬆，左胯右肩合於命門，諸要領與前述右移過程鏡
像對稱，不再贅述。

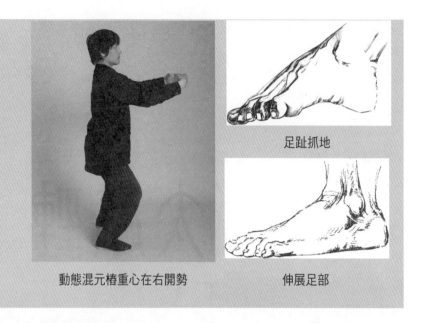

足趾抓地

伸展足部

動態混元樁重心在右開勢

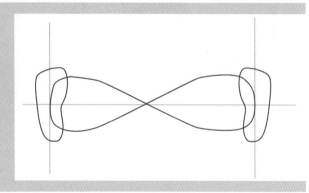

左右變換混元樁
重心軌跡

總之，吸氣時，腳趾抓地並移重心，重心移到位後呼氣開勢。再吸氣反向重複，如此一邊九次，共十八個呼吸後，重心在左，此時吸氣，右腳抓地，重心回中，呼氣還原成混元樁定勢。再定九息，即可收功。混元樁收勢詳細要領見《太極拳勁意圖解——非視覺太極》。

因為有了開合變化，因此，重心在左右變換的時候在地面的投影線並不是直線，而是一個躺倒的「8」字形。

前後變換重心

【動作說明】

兩腳跟併攏，左腳以腳跟為軸外展約45°，兩腳跟內側接觸，重心換到左腿，兩手成混元樁合抱勢抬起，吸氣，左足五趾抓地，腳心含空，屈膝坐胯，左胯與右肩合勁於命門，後背成弓形，右腳腳掌平抬離地，右腳向正前方蹚出一步，全腳掌落實，腳尖向前，右腳內側與左腳跟內側在一條直線上，重心保持在左腳，呼氣，左腳腳趾領勁上挑，腳心放平，鬆腰落胯，頭頂領住勁，雙臂保持混元。

然後吸氣，右腳五趾抓地，腳心含空，右胯左肩合勁於命門，重心微下沉同時向前並略向右移動，重心完全移到右腿，此時右腿弓步，左腿蹬直，保持左腳全腳掌著地，此時身體重心、右腳軸線、膝關節中點和右髖關節中點基本在同一個豎直平面上。

呼氣，右腳趾尖領勁向前上挑，腳心放下。鬆腰，落右胯，頭頂領勁不丟。

再吸氣，左足五趾抓地，重心由右前向左後移動，回到左虛步混元樁。要領於前可知不再贅述。尤須注意之處是重心完全在左腿時，重心、左足軸線、左膝關節中點，左髖關節中點須基本處在同一個豎直平面內。

如此進退往復九次後，在定勢回到左虛步混元樁時，吸氣，左腳趾抓地，右腳收回落於左腳側，腳跟內側相觸

正　　　　側

左虛步混元樁圖

正　　　　側

右弓步混元樁圖

　　落實右腳，並以右腳跟為軸，右腳尖向外轉45°，右腳趾抓
地，提左腳，出左步如前定勢之對稱勢，成右虛步混元
樁，重心進而成左弓步勢，要領如前呈鏡像對稱。

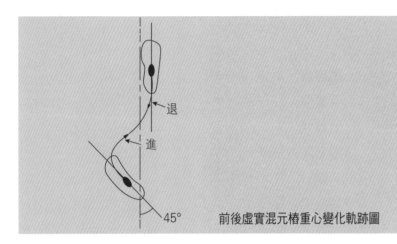

退

進

45°　前後虛實混元樁重心變化軌跡圖

　　往復九次，在定勢回到右虛步混元樁時，吸氣，右腳趾抓地，左腳收回落於右腳側，並橫開與右腳距離同肩寬，呼氣，右腳以腳跟為軸，大腳趾領勁內扣，回到對正前方向位置，重心回到兩腳正中，成混元樁定勢。再定九息，收勢與前相同。

　　前後變化時，為了平衡和穩定，重心在地面投影也不是直線往復，而是一條類似「S」形的曲線。這是運動軌跡起始和結束時的方向和相應腳的軸向一致的結果。

　　以上練習將重心的虛實、身法的顧盼與呼吸開合相結合，並在變化過程中保持掤勁和身法中定不丟，這也是太極拳進階時需要熟練掌握的基本功。在練習時可以細細體會鬆緊變化，務必要純熟自然，順遂靈動方可過關。

神龜出水

　　以上前後左右虛實進退練習純熟後，加上重心的升降、氣機的浮沉，可練神龜出水以化開勁力。

【動作說明】

所謂神龜出水，實為保持混元樁雙手所在高度不變，以虎口和大拇指所在水平面為水面。重心偏於其中一腿時重心下沉，使雙眼處於低於「水面」位置，然後保持頭手相對位置不變，按前後左右進退之法變換重心到另一條腿，然後頭頂領勁上浮，身體回到最初混元樁狀態。再保

神龜出水連續圖1

持此狀態變換重心到另一腿，重複以上過程。

　　重心在一邊下沉，另一邊上浮，就如神龜，破水而出，伸縮靈動。此過程中切不可失了身法的中正，身形須沉穩靈活，進退升降順遂自如。此時上盤之虛靈，中盤之鬆活，下盤之沉穩俱可以身證之。

神龜出水連續圖2

「8」字磨盤樁

在《太極拳勁意圖解——非視覺太極》一書中我們介紹了太極拳基本功中非常重要的磨盤樁的練法。磨盤樁是對太極拳初學者非常有用的一個基本功，能讓人在盡可能短的時間內感受到太極拳對腰、腿、胯協調性的基本要求。在練習了一段時間太極拳基本功後，我們應該有後續的進一步要求，這就是在有一定負荷的情況下，練習兩胯的交錯運動。

磨盤樁初步要求是在負荷下，腰胯自如的轉換，身法的前後開合和左右虛實。讓重心在不丟不頂的前提下在水平圓周上平滑運化。而現在進一步的要求是藉由兩膝相錯運動，帶動重心在太極圖中間的「S」線上變化，同時左右胯產生新的對稱型運動模式，以達到太極拳練習時對腰、腿、胯的進一步要求。

【動作說明】

「8」字磨盤樁預備式與磨盤樁基本相同，初練時馬步站立兩腳距離可略小於1.5倍肩寬，但要大於1倍肩寬。兩手指尖相對，掌根在膝關節外側將膝關節向內推，直到膝內側互相接觸。此時腳踝外側放鬆，兩腳五趾抓地，肩胯合勁，後背成弓形。

「8」字磨盤樁定勢1

右膝領勁向前向外運動，左膝同時對稱向後向外運

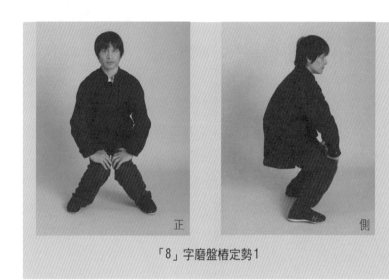

正　　　　　側

「8」字磨盤樁定勢1

動，身體略左轉，後背慢慢展平，頭領胯墜，左腳底放平，右腳五趾繼續抓地，右肋合左肋開，保持兩肩相平。到兩膝運動到前後的極限位置時重心偏右腿，右足中軸線、右膝中點、右髖關節中點在一個豎直平面上，身體面向左前方。

「8」字磨盤樁定勢2

右膝變成向外向後運動，右腳慢慢放平，相應的左膝則向外向前運動，重心向中位返回，到兩膝運動到左右極限位置時襠胯開成最大，重心回中，身體面向正前方，後背成反弓形，尾閭尖向後泛出，成腰背合胸腹開之勢，頭頂領勁不丟。

「8」字磨盤椿定勢2

「8」字磨盤椿定勢3

右膝向後向內，同時左膝向前向內分別到前後的極限位置，左腳五趾抓地，腳心含空，右腳保持放平，左肋合右肋開。此時重心偏左腿，左足中軸線、左膝關節中點和左髖關節中點在一個豎直平面上。身體面向右前方。

「8」字磨盤椿定勢4

右膝向內向前，同時左膝向內向後，回到初始位置，此時重心回中，兩足五趾抓地，腳心含空。尾閭向前兜起，胸腹裏合，後背成弓形，身體面向正前方。回到定勢一。

以上為完整的一個右膝領勁前縴開始的「8」字磨盤椿動作。在此過程中，左右膝運動軌跡在水平面投影為一對相切的圓，也就是一個躺倒的「8」字形。重心變化的

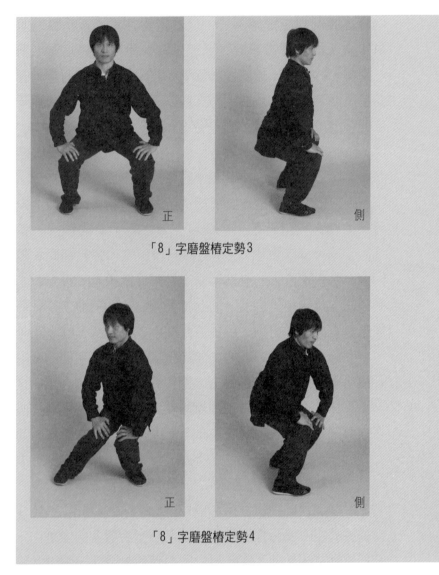

「8」字磨盤樁定勢3

「8」字磨盤樁定勢4

軌跡基本是一個圓形。

　　「8」字磨盤樁的反向運動與上述成左右對稱，不再贅述。

【注意事項】

「8」字磨盤樁對下盤力量和柔韌性要求很高，開始不能完全按要求做是正常的，在標準磨盤樁能一口氣做50個的基礎上，可以嘗試此樁的標準動作。在此之前，可以適當放寬要求，比如兩膝內扣到最小距離時可以不接觸上，而是相距兩拳或一拳都可以。

練習過程中務必不能憋氣，憋氣意味著強努拙力，是太極拳練習之大忌，也容易引起內外損傷。習練時須注意行有餘力，從容不迫。雖有較大的負荷，亦可運化自如。

鹿回頭

視頻：鹿回頭

以上功法偏於中下盤的太極拳功夫練習，鹿回頭則在中下盤功夫的基礎上增加中上盤的練法。

鹿回頭是《太極拳勁意圖解——非視覺太極》一書中二郎擔山基本功法的後續。先要有二郎擔山基本功，再練此，效果最佳，務須注意量力而行，循序漸進。

【動作說明】

由二郎擔山定勢：右腿在前成弓步，左腿在後蹬直，左腳尖順向前，如開滿弓時箭在弦。左臂前，右臂後與肩平如擔山狀。（細節要求參見《太極拳勁意圖解——非視覺太極》之拳功基礎篇。）定勢後，左掌立掌，掌心朝前，推住，在豎直平面內慢慢上抬至頭頂，掌心向上。同時右掌翻轉掌心向上，保持肩臂伸直在與左臂同一豎直平

面斜下，回頭，目光隨右手向下，直到看到左腳腳跟，下頜與右肩臂對正。兩臂運動要同時，到位時左大臂輕貼後腦，運動過程中吸氣，左腳五趾抓地，右腳保持放平。頭頂上領之勁不丟，落胯鬆腰。

前述動作到位後隨即緩緩沿反向運動還原成二郎擔山定勢，隨動作慢慢呼氣，左腳趾前伸略上挑。

以上為一次完整的鹿回頭動作，一組最多可以做6次，也可量力而行，少做幾次亦無妨。然後在二郎擔山定勢時，兩掌心轉向上，重心後移到左腳，收回右腳與左腳並立，兩臂伸直上舉，同時轉腰回正常站立姿勢，屈肘兩掌心向下，手指尖相對，下按，按到胸口，向兩肋平拉開，兩掌手指向前，順兩肋下按到胯側，呼氣，自然放鬆。

然後左腿向前邁出，換另一側二郎擔山勢，然後以鏡像對稱的方式，重複以上動作過程。此為完整的鹿回頭勢。

鹿回頭右回頭勢

【注意事項】

鹿回頭動作對身體核心部位的柔韌性、協調性和身體平衡能力的鍛鍊要求比較高，在沒有將二郎擔山做到位的情況下請不要嘗試練習。即使二郎擔山已經可以做得比較標準，也需量力而行，循序漸進。

如暫時做不到最終要求，可適當放寬規則，比如上舉手臂的大臂可以不貼住後腦，又或者後手向下，不能對正後腳跟，致使眼睛餘光看不到後腳跟，亦無不可。只要做到自己能做的最大位置，以後隨著練習，慢慢接近最終的要求，都是可以的。整套動作應緩慢柔和，順暢通達，一動無有不動，掤勁始終不丟。切忌拙力強努，以免受傷。

太極尺

太極尺，是太極拳練習的傳統輔助器械，其式樣尺寸如下圖。

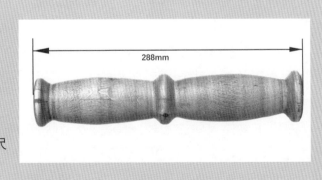

288mm

太極尺

太極尺練習法，可幫助太極拳習練者提高整勁和纏絲的訓練效率，使習練者更容易體會到太極拳練習中纏絲勁路的傳遞和轉換。因此，對練習太極拳、體會太極勁有較強的輔助效果。

太極尺有兩種基礎練法，分別是陰手太極尺練法和陽手太極尺練法。

陰手太極尺練法

【動作要領】

右手持太極尺右半段中位附近，令太極尺未握的另一半在虎口外，兩腳平行分開與肩同寬，自然站立。左右手分別握住太極尺左右段之中部位置，向前平舉與肩同高，手心向下（陰手），虎口在內側相對，開左腳到兩腳距離1.5倍肩寬，下勢成正馬步勢。

以腰為軸，向右前方45°引勁，兩手隨腰右轉同時略下沉，到右前方45°位置後右手擰太極尺，同時腰向左前45°擰轉，同時，右手擰太極尺在左手中相對旋轉。兩手隨腰左轉並向上向前放長，到左前45°時定勢，左手虎口握尺對正自己中線，右手握尺與左手虎口相對，低於左手，右前臂外側與左大臂內側輕觸，沉肩墜肘，兩臂放長到自己極限位置，太極尺軸線對準心口，指向左前上方45°方向，重心偏右腿。

左手主動擰尺隨腰繼續左轉蓄勁，到腰左轉極限位置，左手繞至右手相平位置，略靠近左肋。兩手略下沉蓄勢，左手繼續擰轉太極尺隨腰向右回轉到左前45°方向，

陰手太極尺起勢

正

側

陰手太極尺左順勢

此時左手在右手後下方，左前臂內側與右大臂內側輕觸，沉肩墜肘，兩臂放長到極限。太極尺軸線對準心口，指向左前上方45°方向，重心偏左腿。

陰手太極尺左拗勢

陰手太極尺右順勢定勢　　　　　陰手太極尺右拗勢定勢

　　右手握尺擰轉，隨腰回轉到馬步預備勢位置。

　　換向右前45°擰轉，其要領與左勢呈鏡像對稱，不再
詳述。

陽手太極尺

【動作要領】

右手持太極尺左半段中位附近，令太極尺未握之另一半在小指外側，兩腳平行分開與肩同寬，自然站立。左右手分別握住太極尺左右段之中部位置，向前平舉與肩同高，手心向上（陽手），兩手虎口向外，開左腳到兩腳距離1.5倍肩寬，下勢成正馬步勢。

右手緊握並擰尺，同時脊柱擰轉，身體向右轉90°，重心移到右腿，保持胯關節方向不變，下盤成右偏馬步，右手隨身擰轉並向下，到右胯側，高度與胯同，左手隨動，到右手正上方，令太極尺處於豎直位置。保持立身中正，沉肩墜肘。左臂成弧形合抱胸前，右肘微曲，右手離右胯半尺左右。呼氣放鬆，氣沉丹田。

此時，右胯、右膝、右足三處受力中心點應在同一豎

陽手太極尺起勢

直平面上，整體成陽手太極尺右順勢定勢。

借脊柱回彈之力原路返回到起勢初始位置。

左手握緊太極尺，同時脊柱擰轉，身體向右轉90°，重心移到右腿，保持胯關節方向不變，下盤成右偏馬步，左手隨身擰轉並向下，到右胯側，與右胯同高，右手隨動，到左手正上方，令太極尺豎直，保持重立身中正，沉肩墜肘。右臂呈弧形合抱胸前，左肩膀鬆開放長，左肘微曲，左手離右胯半尺左右，呼氣放鬆，氣沉丹田。

此時，右胯、右膝、右足三處受力中心點處於同一豎直平面內，整體成陽手太極尺右拗勢定勢。

借脊柱回彈之勢原路返回至起勢初始位置。

陽手太極尺左勢練法與右勢呈鏡像對稱，在此不再贅述。

陽手太極尺右順勢定勢　　　　陽手太極尺右拗勢定勢

陽手太極尺左順勢定勢　　　　　陽手太極尺左拗勢定勢

【注意事項】

在整個動作中，胯要保持初始馬步的方向，不能有旋轉，整個過程中只是做平移調整重心位置的運動，身體轉向必須以脊柱擰轉為核心，兩臂隨動。在擰轉過程中體會太極尺在隨動手掌中相對旋轉的阻力，太極尺擰轉要與脊柱擰轉關聯同步，尺隨腰轉，不可散漫。注意呼吸的配合，一般在蓄勢時吸氣，在擰出兩臂放長時呼氣。不可努氣，不可用拙力。

在練習純熟後，還可換成隨著身體擰轉，重心向與轉身方向相反一側腿移動的練法。也就是左轉身時重心完全到右腿，保持右胯、右膝、右足的受力中心點在同一豎直平面內。右轉身時重心換到左腿，要求與上同。受力腿這三點在豎直面內的要求是防止膝關節受傷的關鍵，也是下盤沉穩、足下勁力合於腰脊的關鍵，大家在練習時一定要重視。

太極大槍

　　太極大槍尺寸、規格：大槍長度應在3.6～3.8公尺為宜。粗細以後手滿把握桿尾，大拇指尖和中指尖有一到兩指寬縫隙，桿子兩頭粗細均勻，相差不超過2公分為宜。槍頭輕重、尺寸以與桿子協調為準，槍尖最好鈍化處理，

太極大槍圖

全槍圖

以保安全。

拈槍起勢

【動作要領】

大槍平放於地，槍尖指東，槍尾向西。人面南立於槍之北側，靠近槍尾。

右腳尖搓挑起槍杆，屈腿抬起槍杆尾部，右手滿把拿住槍根，勿留餘把。

右腳向右開步落實，腳尖向東南，重心隨之移向右腳。左腳虛點地面，左腳跟略外擺，左膝裏扣，左肘裏合，虎口外側架於槍杆下方。

右手抽槍先上後下走一上弧，壓於右側腰際，左手虎口架槍合於身體中線，左手齊心高，肘低於手，順膀伸肩，身肢放長，槍杆斜上指，約45°，肩胯相合，立身中正，胸向東南，面向正東。此為大槍練法起勢。

拈槍

探海起勢

探海定勢

絮攔拿槍

【動作要領】

絮槍勢：左手拇指裏扣，同時翻轉手心向上，拇指順

中平紮槍定勢

勢從槍下從右側換到左側，屈五指輕扣槍杆，左掌心含空，手指與槍杆觸點低於槍杆最大直徑處（所謂前手半把持槍）。右手握槍根，順纏向上向前推槍紮出，槍要平，與胸平，兩手手心向上，右手食指外側與左手小指側掌緣相觸。同時重心前移，偏向左腿，右膝外撐，左膝裏扣。肩胸左擰至向東。勁路由腳而腿而腰，通於脊背，經肩、臂、手掌，直貫槍尖。立身中正，兩臂放長。左足趾前伸上挑，胯，膝和足須受力順遂，頭頂加強領勁，肩胯相合，周身一家。紮槍定勢為中平槍，又稱「四夷賓服勢」。中正堂皇，顯王者之風，為諸槍勢之母法。

攔槍勢：右手逆纏向回抽槍，脊柱左擰之勁放開，重心回右腿，左手掌心向上，半把托槍。右手後引到右肩外側，距離一尺處，槍尖外纏一圈，槍杆貼在胸上頸下。與地面平行，是為上平槍勢，亦稱「指南針勢」。攔槍勢用

上平攔槍定勢

下平拿槍定勢

於接對方外門來槍，並伺機回紮。

　　拿槍勢：左手抓住槍杆，掌心含空並逆纏向下，右手順纏同時向下，重心保持在右腿，槍杆貼身滾動下落，定於腰際小腹高度，槍身與地平行，是為下平槍勢，亦稱「十面埋伏勢」。拿槍可接對方內門來槍，並伺機回紮。

　　兩手順纏，左手托槍向上並換為半把，右手擰槍上抬並隨左擰腰向前紮槍，回到中平紮槍定勢。

　　【注意事項】

　　以上紮槍勢、攔槍勢、拿槍勢須循環練習，注意下盤要沉穩，中盤要鬆活，上盤要虛靈。立身中正，進退得宜，每一紮槍務必盡力，須以整勁貫達槍尖，一紮有破壁之勢為宜。每組節奏分明，以力盡為度，歇息3分鐘左右，再做一組。以三組不少於30次為合格。合格後，須求放鬆自然，達到人練槍之柔韌，槍練人之勁整，漸漸可體悟到人槍合一之境界。

　　以上為左勢槍，右勢槍與此鏡像對稱，可自行體會揣摩，不再贅述。

　　此三槍雖簡，但諸槍變化皆從此出，太極拳取槍勁之柔韌尖銳，大槍之法可抖開身上僵勁，整合全身勁力，並體悟守中用中之要義，習練者切勿輕視之。

壁虎功

視頻：壁虎功

　　以上基本功從下盤、中盤、上盤入手，得全身整勁和鬆活柔韌，皆以身上勁路靈活為主。而壁虎功以練梢節即手指尖、足趾尖為主，令中氣實而貫四梢。是太極拳非常重要的進階基本功法。

　　【動作要領】

　　壁虎功起勢：面牆而立，距離牆面一臂，向前平舉雙臂，以掌心輕觸牆面為宜。兩腳併攏身體直立，兩手五指

壁虎功起勢

分別成爪狀，指尖觸牆，高度與心口齊平，兩手間距略寬於肩。掌心內收，手指與掌心成拱狀，沉肩墜肘。

斜橋觸壁勢：深呼氣，然後吸氣，至最大吸氣量時閉住氣，雙臂彎曲，腳平放地面不動，頭頂、後背和雙腿後側保持平直，踝關節前屈，直到鼻尖輕觸牆面。

貼壁反弓勢：保持手部拱狀手型不變，頭頂領勁，腳趾尖用力，將腳後跟抬離地面，慢慢抬頭，目光順牆面向上，依次令鼻尖、下頜、胸腹與牆面接觸，身體成後彎的弓形。腳趾尖觸地，腳後跟提起到極限高度。

踮腳直立勢：手指保持拱形彎曲，推牆，令身體慢慢離開牆面，雙臂推直，身體從後彎弓形恢復順直。

腳從腳尖開始，前腳掌、足心、腳後跟依次著地，保持雙足併攏，呼氣。回復初始起勢位置，調整一個呼吸，

斜橋觸壁勢

貼壁反弓勢

然後重複上述過程，以九次為度。

踮腳直立勢

【注意事項】

在手指用力過程中注意保持手型掤圓成拱形支撐，此處容易犯的毛病是手指易成反向弧形，讓手指關節鎖死，以韌帶受力替代肌肉用力。太極拳雖言放鬆，但須關節轉換靈活，不能處於鎖死位置而讓肌肉鬆懈，指關節只有在手指成正向彎曲狀態才能保持雙向的靈活性，這時手指定位完全依靠肌肉的控制。這樣就練習了相關肌肉群的力量和控制能力，只有這樣，才能在指力增長的同時，保持手指的靈活性。

整體動作須緩慢柔和，過程中的閉氣練習可能對訓練身體對氧氣的利用效率有促進作用，具體效果尚待進一步實驗證明，在此僅保持功法傳承原狀，練習過程中感覺氣息不夠時，可暫時放開呼吸。不可因缺氧而加快動作速

度，亦不宜強努冒進。總之，練習太極拳和相關功法是慢
功夫，量力而行，日積月累，方可水到渠成。

再論膝關節保養

膝關節結構非常複雜，除了骨骼、肌肉、韌帶、半月
板等結構外，還有相應的神經、血管和關節潤滑液等。膝
關節在運動過程中神經系統、肌肉、骨骼、滑液、半月板
和韌帶協同動作，不僅要保證對運動傳遞的靈活性，還要
起到支撐身體重量和承受力量衝擊的作用。

不合理的運動方式會讓膝關節在承受力量的時候處於
不合理的位置，而當肌肉力量不足以補償這種偏差的時
候，損傷就會發生。

半月板是屬於膝關節的特殊結構，位於脛骨平臺內側
和外側，邊緣厚，中間薄，成兩個對合的「C」字半月形
（見半月板及部分韌帶圖❶），在膝關節的功能上起到至
關重要的作用。

如半月板的彈性結構可起到緩衝和分散膝關節面上的
載荷的作用，並且避免脛骨平臺和股骨髁軟骨面的直接接
觸和摩擦，避免軟骨損傷和關節的退行病變。半月板還可
以起到穩定膝關節結構的作用，本身的潤滑液還可以減少
膝關節運動的摩擦。因此，當半月板受到損傷時，將會對
膝關節功能產生很大的影響。

---

❶ 圖示來自郭文光、王序主編的《人體解剖彩色圖譜》人民衛生出版社
2008年第二版。

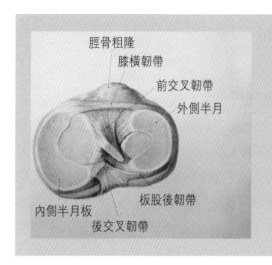

半月板及部分韌帶

膝關節損傷分急性損傷和慢性損傷。

急性損傷多發生在帶有衝擊力的劇烈運動過程中，超過合理負荷的局部受力導致骨骼破裂、肌腱拉傷，或者韌帶斷裂等。這種損傷在太極拳練習中一般發生在太極拳節奏變化或者發力時，另外，在推手和實戰等對抗性演練過程中也可能發生，當然，這種損傷不限於膝關節，在其他身體部位也可能發生。

在這些活動之前充分地熱身會在很大程度上減少急性損傷的概率，進行對抗性活動時須量力而行，儘量做到太極拳要求的沾連黏隨，避免拙力頂抗，也能很大程度上降低運動傷害的發生。

膝關節的慢性損傷是練太極拳常見的問題，在《太極拳勁意圖解——非視覺太極》中我們初步分析過常見的膝關節損傷的表現和避免措施。在此，我們再進一步結合膝關節的解剖結構分析一下與太極拳練習有關的避免膝關節

勞損的注意事項。

以前我們一直強調受力腿的髖關節中心、膝關節中心和腳的受力中心點要盡量處於同一個豎直平面內。膝關節處於彎曲狀態時，內外側副韌帶處於鬆弛狀態，此時膝關節是不穩定的，有內外側開口的可能。

這時主要由肌肉的力量來幫助膝關節處於穩定狀態，而當全身重量處於一條腿時，膝關節位置對豎直平面的偏離會產生使膝關節一側開口的很大的力，這個力如果超出了肌肉的最大負荷，就有可能讓膝關節失穩，處於非正常的工作狀態，讓半月板和韌帶承受不合理的應力。時間久了，會導致局部過勞損傷。這種損傷很可能危及半月板，特別是內側半月板相對面積更大而且比較薄，平時受力、摩擦和移動也比較多，更容易受到損傷。

因此，在膝關節彎曲且單腿承受全身大部分重量時，重力作用線和受力腿構成支撐面的重合是膝關節穩定受力從而減少膝關節受傷風險的保證。

另外，太極拳練習時須避免因關節處於鎖定或半鎖定位置從而讓部分肌肉解除受力狀態的所謂「放鬆」。初學者都有類似經驗，當做好一個定勢，老師將腿上位置掰到正確位置時，頓時就感覺堅持不住了。

這是因為所謂正確的位置，並不是讓部分肌肉可以不受力的狀態，而是讓深層平時很少使用的肌肉也參與到運動受力中來，而讓平時常用的淺層肌肉得以適當放鬆，關鍵在於每一個定勢都不是終點，而是下一個運動的開始，因此保證關節的靈活變化能力是非常重要的，一定不可讓

關節在某個方向上處於鎖定的狀態。

　　太極拳勁力的傳遞是全身所有肌肉協同運動的結果，要避免因關節鎖定產生的肌肉運動傳遞的中斷，這種中段表現出來就是所謂的斷勁和頂勁。斷勁是肌肉筋膜彈性力傳遞的中斷，而同時產生的頂勁是因關節鎖定，由一組骨頭直接傳遞作用力時轉化不靈的力量。這一點對於練太極拳時最容易出現鎖死的下肢關節而言尤其重要。對於膝關節而言，為保證在最大受力時保持穩定並且能轉化靈活，最優的位置就是處於不左右偏斜的中位。

　　下一章，結合傳統陳式太極拳一路83式中一些典型的具體定勢要領，大家可以體會一下太極拳鍛鍊對健身作用的全面性和合理性。

輕敲太極之門

（下）

傳統陳式太極拳83式編排要點

　　太極拳傳統套路學習起來比較複雜，特別是完整的傳統83式套路，是沒有可能看書自學而學會的。讀者應就近跟隨明師，在老師口傳心授下細細揣摩習練。在此我僅列出標準拳譜名稱及一些關鍵定勢拳照，也會對其中一些典型定勢做擇要解說，以供學者參考。

　　這套傳統陳式太極拳套路是由師祖陳發科在北京傳於師爺陳照奎，與陳家溝流傳的拳架有所區別，故稱新架。據師父說，此趟拳架主體是陳長興所傳，陳發科到北京後結合自身練習體會，略有增改。83式取太極九九歸一之數並首尾無極勢而得。

　　第一式無極而生太極，第二式太極動而陰陽分，第一金剛搗碓為第一段之樞轉節點，上結太極之陰陽兩儀總綱而下接懶紮衣、單鞭之少陽少陰並六封四閉、金剛搗碓之太陰太陽之四象。亮翅、斜行、前蹚變演手紅捶之正隅轉化，至第三金剛搗碓衍八卦，合身法步法進、退、顧、盼、中定之五行，為十三勢，至此太極綱領俱備。

　　故前三個金剛搗碓為太極拳理規矩演化分節之關鍵處。第三金剛搗碓之後，為十三勢在各種情況下變化應用組合演練，以單鞭為節點分段，取象少陰之水以生變化，每段適用環境各有不同，務必用心體會，演練純熟。至剛

柔相濟，內外相合，從心所欲而處處不離十三勢綱領之境，方可以之為技擊實用之本。

太極拳傳統套路線路複雜，轉關折疊細節要求層層深入，故除問道七勢拳和知機十三勢外，不宜再一一詳述傳統太極拳套路之要領路線，實因太極拳架規矩已盡在十三勢中，而傳統套路要領規範須以師傳為準。

師父曾說，太極拳練習一個階段有一個階段的標準，太極拳是活的，並沒有一定的樣式，不可一概而用固定規矩束縛之。先賢曾言：「學我者生，象我者死。」習練者宜常自省之。

謹錄師傳陳式太極拳一路83式拳譜於下，以供同好習練參考。

傳統陳式太極拳一路 83式拳譜❶

第 一 式	無極勢	第 二 式	太極起勢
第 三 式	金剛搗碓	第 四 式	懶紮衣
第 五 式	六封四閉	第 六 式	單鞭
第 七 式	第二金剛搗碓	第 八 式	白鶴亮翅
第 九 式	斜行拗步	第 十 式	初收
第 十一 式	前蹚拗步	第 十二 式	斜行拗步

❶ 本拳譜中突出顯示的招式，在後文中有詳細的圖示與要領分析。

視頻：陳式太極拳83式(片段)

典型拳勢圖解

　　對於傳統套路要領各位老師的傳授都會有所不同，每種傳授都各有其合理之處，在此僅就吾師所傳太極拳要領，結合現代生理學和力學原理，嘗試在不違背太極原理的基礎上做個簡單闡述，不到之處還請各位方家多多指教。

　　假定起勢面向正南，各定勢方位皆以此方向順序演練至定勢處為準。

披身捶勢

定勢 1 要點

面向正南，正馬步，兩腳平行，寬度約 1.5 倍肩寬。身體中正，頭頂虛領，鬆腰順脊，大腿上部內合，下部外開，帶動兩髖關節內旋，使中氣下沉。右肘裏合到中線，高與心窩齊，右拳拳面水平，拳心正對下頜和嘴，左拳在左前方，拳面豎直向右，左拳眼與左眼外眼角同高。沉肩墜肘，兩拳放遠，兩臂掤圓。呼氣放鬆，氣沉丹田。

披身捶勢定勢 1

定勢 2 要點

重心完全在左腿，收胯，保持左腿受力順遂，左腳五趾抓地，腳心含空。右腳垂直左腳，正對左腳弓，距離左腳約

披身捶勢定勢2

一拳距離，腳跟離地，前腳掌著地，虛點地面。兩拳拳面相對拳心向裏，距離約一拳。高度與嘴齊，沉肩墜肘，提肛收腹，含胸斂臀，頭頂領正，後背成拱形，吸氣，面向正南。

定勢3要點

重心保持在左腿，左腳尖伸開並略上挑，腳心貼地。右腳腳後跟與腳尖連線垂直左腳，全腳掌著地，右髖關節內旋，腰背肌肉放長，頭頂直到右腳跟一線，肌肉放長，兩腳相距約1.5倍肩寬。

兩拳心相對，拳面斜向左前上方，拳背向外開，距離略大於肩寬，兩肘裏合，距離小於兩手間距，墜肘鬆肩，向左前儘量放長，肩胸朝向左前45°東南方純因脊柱擰轉，左胯保持原正馬步方向不變，左腿髖、膝、足保持在同一豎直面內，面向東南。

披身捶勢定勢3

正　　　　　　　側

披身捶勢定勢4

定勢4要點

正馬步，兩腳平行，重心在兩腳中點，胯向正南，脊柱向右擰轉，肩胸向正西。右肘與胯齊高，小臂水平，指

向西北方，左肘與胸齊，在西南方位，左小臂豎直，略向西南傾斜，拳心向內，拳面向上，面向正西。

披身捶勢解析

披身捶勢是第三個金剛搗碓後的第一勢，為十三勢的第一類綜合應用的起始。以開合起落至十字手蓄後續變化之勢，以中上盤順逆纏絲引出雙順纏顧勢之上下左右相合蓄勢，並放出上肢雙逆纏並右腿以髖關節為軸的逆纏倒丁字步與上肢逆纏呼應，以左撐脊柱蓄螺旋右下之勢。

此勢之核心在定勢3。定勢3一方面在胸背上肢之橫向撐裹上形成開合一體，另一方面兩髖兩腿前合後開形成倒丁字拉開，在保持左腿受力順遂的基礎上將胯打開到極致並拉伸腰脊和右腿後部肌肉。這一定勢對開胯有重要作用。

太極拳裏的開筋骨不是簡單的拉伸肌肉和筋膜，而是在保證合理受力結構的情況下螺旋撐轉並撐開，讓肌肉筋骨在拉伸的同時保持原有的柔韌和彈性特徵。這個定勢是對「屈伸見蟒翻之勢」一個直接的詮釋，習練時切勿輕忽。

披身捶勢單式練習

披身捶勢對於全身的螺旋纏絲，對拔拉長要領的體會非常重要，故可以提出來做單式強化練習。

披身捶勢順次練習到定勢4以後，吸氣，右腳趾抓

地，腳心空，重心慢慢右移，左腳跟領勁收回到右腳內側，成垂直丁字步，腳跟離地，腳掌輕點地面。兩臂掤圓，拳面相對合抱胸前，拳面相對距離一拳左右，轉腰，至面向正南，重心完全落在右腿，注意右腿髖、膝、足受力中心在同一豎直平面。提肛收腹，肩胯相合，此時與定勢2成左右對稱。

左腳跟領勁，左腿以髖關節為中心內旋並左腳掌擦地向左側正東方向擰出，至左腿伸直，左腳與右腳成倒丁字步，同時兩拳領兩手臂雙逆纏，至拳背相對後轉為雙順纏，同時擰腰，身體轉向右前45°西南角方向，兩臂向斜上方放長，至兩拳心相對，兩拳背外分，兩肘內合，鬆開腰脊並左側胯，左腳跟落實地面。此過程中呼氣，右腳趾伸開，腳心貼地。重心完全在右腿，頭頂領勁，保持身體中正。與定勢3成左右對稱勢。

重心略下沉，回到中間，左腳隨之以腳跟為軸外展，與左腳平行成正馬步。身體以腰為軸左轉，左右肘下沉同時隨身體左轉，至與定勢4成左右對稱。呼氣放鬆，立身中正，氣沉丹田，兩足心貼地。

以下動作皆與此對稱，依次回到定勢2、定勢3、定勢4，左右循環練習，次數不限。

練習中多體會定胯擰腰，保證下盤沉穩，中盤腰脊的鬆活擰轉，和頭頂、雙手的虛靈領勁。此勢難點應在雙臂纏絲變化與倒丁字步的對拔拉長之協調配合上，此處為披身捶勢之精要所在，宜多在練習中體會鬆活變化和借勢回彈之關竅。

背折靠勢

定勢1要點

重心位於右腿偏前腳掌處，胯保持朝向正南方，左拳心向上位於左肋邊，右拳虎口向下，斜下放長，肩膀裏合，脊柱擰轉，右臂隨身體轉向東南。左膝微曲，左胯與右胯相平。右腿髖、膝、足尖基本位於豎直平面內。

正 側

背折靠勢定勢1

定勢2要點

保持重心和身體方位不變，右臂順纏成虎口向上並沉肩墜肘，右腳五趾抓地，肩膀相合。

正　　　　側

背拆靠勢定勢2

背拆靠勢定勢3

定勢3要點

重心位於右足弓後側，右腿受力順遂，頭頂領勁不

丟，保持身體中正。右拳拳心向外，虎口向下位於前額右
前上方，右臂掤圓，並鬆肩墜肘。左手拇指第一節扣回挨
住食指根節，其餘四指前兩節屈回，根節與手掌成平面。
第二指節抵住左腰際，沉肩折腕裏合肘。左腳腳跟內側著
地，腳尖上挑並內扣保持與右腳平行，左膝微曲與左腳一
同內扣，鼻尖、左肘尖、左腳尖三點成一直線。左膝儘量
靠近此直線。肩背掤圓，立身中正，眼神向左。

背折靠勢解析

　　背折靠勢重心全在右腿，且肩合背靠，架子偏
低，右腿受力最大，右膝關節處不可有偏斜，調整右
髖和右踝關節角度，須令膝關節免於側向受力。

　　此勢全身彎弓蓄勢，隨時可放出右肩背向側後的
靠勁、右肘肘擊、右拳掛打和右手左臂配合的採拿之
勁。左腿虛合，收放自如，自有進退轉換之靈，身法
定勢為顧為合，實待為盼為開之機。

　　背折靠勢練習常見之病如下。

　　（1）頭頂領勁不足，身法不正，上體前傾為第
一大病。

　　（2）右側聳肩架肘，凸胯扣膝為第二大病。

　　（3）左臂散漫無依，左腿直膝散胯，腳尖不扣
為第三大病。

青龍出水勢

定勢1要點

與披身捶勢定勢4相同。

定勢2要點

下盤偏馬步，重心偏左腿，右拳收回在右腰際，拳心向上，左手伸開，順肩、臂、肘方向向西南角斜下方撩出並放長。身體以腰為軸擰轉脊背，面向東南，左手指尖與右肘成對稱之勢。胯正向南，頭頂領住勁，立身中正。右膝裏扣，左膝外掤，兩腿之小腿、大腿與腳的軸線共在一平面內。

青龍出水勢定勢1　　　　　　青龍出水勢定勢2

定勢3要點

重心完全在右腿，身體和胯都向正南，右肘外側和左掌心相合，右手背與左肘內側相合，虛靈頂勁，提肛收腹，腳趾抓地，此為合勢。

定勢4要點

重心回到兩腳心連線中點，身體中正，肩胸向正南，左手食指伸直，拇指扣在食指根側，其餘三指前兩指節屈回，根節與食指手掌成一平面，掌心向內貼於軟肋部，左肘向身體左側拉開，左食指順小臂方向指向右拳。右大臂斜下，小臂豎直，右拳位於右膝前，拳面向右前方，右手腕外側收緊，令右拳面略斜向外側下方。呼氣放鬆，氣沉丹田，耳聽身後，面向右前方，目光平視。

青龍出水勢定勢3　　　　　青龍出水勢定勢4

┌─ 青龍出水勢解析 ─────────────────┐

　　青龍出水取勢青龍，故勢中含有青龍擺尾之撩擊，順勢橫掃之肘擊，撐裹回彈之抖擊，上驚下取，捲放屈伸。在練習時可藏鋒不露，亦可電光乍現。龍騰蟒翻，皆是剛柔並濟，變化自如之勢，故無論藏鋒露鋒，皆不可努氣拙力，而要掤勁不丟，鬆活自如。

└────────────────────────────┘

雙推手勢

定勢1要點

　　左掌心向上，貼於小腹左下部，左腳指向東偏北方向，左髖關節外旋，髖膝連線與左足軸線共面。身體以腰脊擰轉，肩胸和面向正東。右足保持向南，右膝略前紮並

雙推手勢定勢1

外掤，右肘與右膝上下對正於豎直線上，右小臂水平，右
拳虎口外側向上，重心偏於左腿。

定勢 2 要點

右腳前腳掌著地，點在右前方，重心落於左腿，成虛
步，右膝略內合。左掌保持定勢 1 位置不動，右肘、右手
與右膝、右足上下相對，右肩放長。立身中正，意寓右足
向前進步之勢。

正　　　　　側

雙推手勢定勢 2

定勢 3 要點

重心落於右足，右足尖對正東，略屈膝下坐，左足前
腳掌著地，腳跟提起，左腳尖與右足弓後部平齊，兩足橫
向相距約兩拳。兩臂前伸，鬆肩墜肘，立掌，掌心向前，

正　　　　　　　　　　　　側

雙推手勢定勢3

虎口相對，意在掌根。

雙推手勢解析

　　練雙推手勢須體會連綿不斷，借勢而行。以前一動終了之蓄勢，引出下一動之起勢，如此生生不息，是為太極如水之意。以青龍出水左肘右拳對爭之勢引出合身蓄勢，由合身之蓄再引後續開合擰轉之變化，在定勢1之前，勁路變化與懶紮衣定勢後接六封四閉頗類似。

　　定勢1左髖外旋，身體左擰，與右臂右腿成旋擰對爭之勢，故定勢2右臂右腿之虛點在前，為定勢1之蓄勢彈性能量自然釋放之結果，而右足在彈性最大之最遠點落地，止其回彈，則蓄重心前移之勢，借重心前移，右腿再上半步，順勢推出雙掌，借彈性跟上

左足，至此而成雙推手勢定勢3。其餘諸式也大抵如此，習練者可自行體會，或可漸悟順勢借力、捨己從人之太極拳妙要。

三換掌勢

定勢1要點

左腳前腳掌點地，左膝內側前部抵住右膝內側後部，保持重心在左腿，左胯方向不變。腰脊擰轉，肩胸向東南角，面向正東。左臂螺旋放長，手心向上，小指尖正對鼻尖，左肘內側正對心口，前臂與手斜指正東之斜上方，右掌心貼住左肘內側，手指順左前臂方向，右腋下含空，右腳趾抓地，腳心含空。

正　　側

三換掌勢定勢1

定勢2要點

身體轉回正東，左肘貼左肋後側，左掌在左肋前，右掌斜橫，掌心向前，右臂掤圓，重心還在右腿，左腿回到雙推手勢定勢3狀態，左腳心貼地，足底放平。

正　　　　　側

三換掌勢定勢2

定勢3要點

重心依然在右腿，左小臂直立身體中線前，肘對心下，立掌成瓦壟手，虎口正對口鼻，右小臂和瓦壟手水平橫放左肘下，右食指第二指節靠虎口側輕觸左肘尖。

定勢4要點

身體其他部位狀態與定勢3相同，左小臂立於胸前，

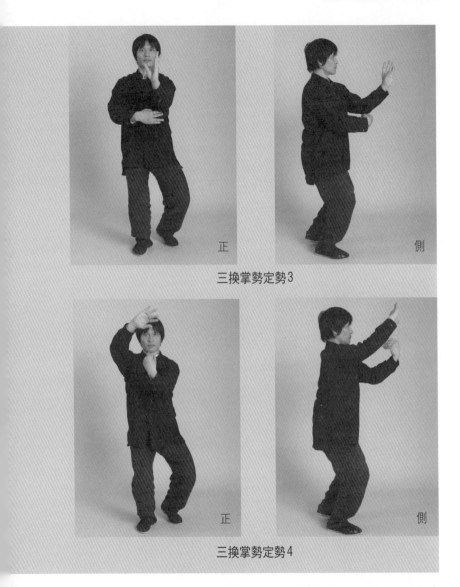

正　　　　　　側

三換掌勢定勢3

正　　　　　　側

三換掌勢定勢4

手指伸直，掌心內含，指尖和掌心對準自己口鼻，沉肩墜肘，肘尖對準心口，右手橫斜，掌心向外，手背正對前額上方，有前推之勢，右臂掤圓，右肩放長。眼神從兩手之

間平視前方，耳聽身後。

肘底捶勢

定勢1要點

重心依然偏右腿，右手在右前方45°，高度與肩平，左手手腕領勁，左手回折，手指尖和掌心對小腹，位於左前方45°，高度與胯齊，左腳掌著地，左膝位於左前方45°，與左手、左膝相呼應。頭頂領勁，鬆腰落胯，右腳放平。

定勢2要點

左膝抵到右膝側後，左手和小臂立起，合到中線，右拳拳眼抵住左肘，拳面朝前位於左肘下方。重心在右腿，沉肩墜肘，右足底放平，呼氣放鬆，鬆腰落胯。眼神集中於內眼角，並通過左手中指尖平視前方，耳聽身後。

三換掌勢、肘底捶勢解析

這兩勢練習時連貫一氣，重心皆落於右腿未變，重點在軀幹和上肢做縱向、橫向和立向的螺旋纏繞和折疊變換，同時左腿配合以腳掌為軸的開合變化。以腳下開合為驅動，充分調動身體核心部位胸腹腰背開合折疊和旋擰變化，讓勁力傳遞到手，「毋使有凹凸處，毋使有間斷處」，貫串一氣，鬆活自然。勁力運轉如蟒翻龍騰，剛柔相濟，運化隨心。

肘底捶勢定勢1　　　　　　肘底捶勢定勢2

此兩勢重心一直落於右腿，沒有大的變化，但在開合轉換、螺旋折疊過程中也有微小的變化，加上足底隨身形開合而自然配以抓地和放開，此過程中一定要注意髖關節的放鬆、膝關節的穩定和踝關節的柔和，防止膝關節內外側在過度受力時承受旋撐變化，以保護半月板和膝關節其他部位免於運動損傷。

倒捲紅勢

定勢1要點

重心保持在右腿，左腳在右腳側後，腳後跟領勁，指向西北角，與右腳向後的軸線成45°。左臂掤圓，左掌下

倒捲紅勢定勢1

按在左胯側，指尖向前。右臂呈右側弧線前伸，掌心斜向前下，掌在身體正東，指尖斜上指向北方。左腿髖關節內旋，膝關節伸展。右腿髖膝連線與右腳軸線同在豎直平面內，腳趾前伸，腳心放平。鬆腰落胯，氣沉丹田。

定勢2要點

重心在左腿，保持左腿髖、膝連線與左腳軸線在豎直平面內。左腳五趾抓地，腳心含空。左掌心向內，位於左耳下方，指尖向後，左肘內側合在身體中線前，與右小臂尺骨外側中部相接觸，右掌心向上，手指向前。含胸斂臀，後背成弓形，頭向上領住，保持身體中正。右足腳跟略提，前腳掌內側著力，點住原地不動，軸線與左腳平行，右膝微曲並裏扣，護住中線。

倒捲紅勢定勢2

倒捲紅勢定勢3

定勢3要點

重心保持在左腿，右腳在左腳右側後一大步處，全腳

掌著地。右髖關節內旋，右胯外開，右腳軸線與左腳軸線垂直成倒丁字步。身體其餘部分方位角度要領與定勢1呈鏡像對稱。左腳放平，腳趾前伸，虛靈頂勁，鬆腰落胯，氣沉丹田。

定勢4要點

與定勢2呈鏡像對稱。

退步壓肘勢

定勢1要點

左腿在右腿西北方向，兩腳軸線垂直成左倒丁字步，重心偏於左腿，脊柱向左擰轉至肩胸面向正北，右手略高於腰，小臂水平指向正北，右手虎口向上，右小臂軸線與身體中軸線共面，右腋下含空，能容一拳，左手與右手同高，相距一尺左右，離身體距離與右手同，左臂掤圓。

立身中正，注意左髖、左膝連線與左腳軸線共面，左腳五趾抓地，腳心空。

定勢2要點

兩腳倒丁字方位與定勢1相同，重心換到右腿，腳底放平，左右手略高於腰，左手在身體正東，右手在東偏南，與左手相距約一尺，右掌心斜向下。肩胸面向東南。虛領頂勁，鬆腰落胯，氣沉丹田。

退步壓肘勢定勢1

退步壓肘勢定勢2　　　　　退步壓肘勢定勢3

定勢3要點

下盤倒丁字不變，重心在左腿，與定勢1同。左小臂

回折，左手在心窩，掌心向前手指向下，左肘靠近身體中線正東方向，右臂右手順直，右掌心向上，右小臂位於左肘下方。含胸斂臀，提肛收腹，氣貼後背。

定勢4要點

右腳撤到左腳右後方一大步，兩腳成倒丁字步，與倒捲紅勢定勢3相同，重心在左腿。左手立掌，虎口對正口鼻，左肘正對心窩。右手五指分開並彎曲，成虎爪狀，放於右側軟肋章門穴處，右肘與左手對稱後爭。呼氣放鬆，氣沉丹田，腳底放平。

退步壓肘勢定勢4

定勢5要點

腳下方位不變，重心換到右腿，左手回到心窩，掌心向前，手指向下。左肘裏合，靠近中線，右臂伸直，右手在中線與右臂順成直線，手指向前上方，手掌側立，掌心向左。含胸斂臀，提肛收腹，氣貼後背。眼神順右臂右手指方向放遠，耳聽身後。

退步壓肘勢定勢5

退步壓肘勢定勢6

定勢6要點

重心到兩腳中間，其餘要領與定勢4相同。

┌ 倒捲紅勢、退步壓肘勢解析 ┐

這兩勢相連，一氣貫串，要點皆在倒丁字步型下身法、手法的開合螺旋變化上。倒丁字步要求髖關節有足夠的內旋能力，並且在內旋且軸向拉伸的同時，不能帶給支撐腿的膝關節額外的側向和旋擰力，這就要求脊柱兩側和兩腿上的淺層常用肌肉能充分地放鬆並舒展。

本勢對初學者來說是有一定難度的，因此，初學此勢時可以適當降低倒丁字的要求，不必一定垂直。務必以不傷膝關節為度，切不可強努硬掰。此後練習中可慢慢增加角度，直到能合度並鬆活轉換自如方算過此難關。

這兩勢斜向三角倒行，退中有進，退行中撐裹纏繞，虛實莫測，忽而奇兵突出，批亢搗虛，中宮直入，以破敵之強勢。

中盤勢

定勢1要點

右腳轉成與左腳平行，此時為朝向東南方之正馬步。左手瓦壟掌，與左小臂順直，水平指向東南，位於身體正中線，高度與腰齊，右手虎爪，掌心向下，沉肩墜肘，小臂水準，在右膝外側約45°。頭頂虛領，身體中正，腳下放平。

正　　　　　　側

中盤勢定勢1

中盤勢定勢2

定勢2要點

重心完全在左腿，左腳保持指向東南，抬右腿，左手

腕領勁，勾手腕，手心向下過頭頂，位於頭頂左前上方，右手手心向上，位於頭頂右前上方，兩手相距約一尺，左肘與左膝同在豎直線上，上下相合，重心保持在定勢1高度不變。身體面向正東，注意保持左腿髖、膝關節連線與左腳軸線同在豎直面內，其關節無指向此平面之外的受力。鬆腰落胯，抬頭看右手。

定勢3要點

重心完全在右腿，右腳軸線指向東北，左腳軸線指向東南，與右腳成倒丁字，左腳尖距離右腳弓約一拳距離，兩膝裏扣。左右兩臂合抱於小腹前，左手保持勾腕，手心向上，右掌掌心向左下方，左手合於右肘下，右手腕合於左肘上。注意立身中正，頭頂虛領，落胯鬆腰，氣沉丹田。左髖、左膝、左足軸線位於同一豎直平面內。

肘底捶勢定勢3

定勢4要點

右腳保持定勢3位置，左腳與右腳平行，位於右腳西北方一大步處，重心在右腿。左臂沉肩墜肘，小臂以手指領勁略挑起，位於身體中線，左手與襠胯同高。右手立掌，掌根在左肩內側，掌指護住左腮，墜右肘，鬆右肩，立身中正，眼觀左側。

肘底捶勢定勢4

定勢5要點

重心偏左腿，左腿承受七成重力，右腿承受三成重力。左手腕領勁，左臂放長，左肘對正左膝，左手在左前方，掌心和手指斜向右下與右手呼應。右肘與右膝有相合之意，右手伸展，右小臂水平，右手掌心向下，虎口外側對正左手指尖。頭頂虛領頂勁，沉肩鬆腰，落胯提襠，腳

正　　　　　　　　　側

肘底捶勢定勢5

底放平。呼氣放鬆，氣沉丹田。

中盤勢解析

　　中盤勢左轉身90°，順勢躍身進步，挑打擠靠。要求下盤沉穩有力，腰脊撐轉靈活，身法開合貼靠，兩臂纏繞螺旋，是較為全面的近身技法。至最後定勢之身形一展，在護身擊敵的同時，尋求距離和節奏的變化。中盤勢在定勢2時尤須注意雙手過頂並抬右腿時左胯須略下沉，以保持重心高度基本不變。初學者下盤力量不足，在此處容易同時抬升胯部，導致因上下對稱之勁失衡而下盤虛浮。

　　定勢3和定勢4之間有一墊步進身，同時鬆沉左肩，在落步同時順勢送出左肘和小臂，此時借落地之

反彈有一彈抖，可斷對方抓拿之勁路，並順勢由身形
裹束之勢轉為開展而放勁反擊之。習練時應注意墊步
進身，落步時須保持身手步法如一的整勁。

閃通背勢

定勢１要點

兩腳平行，軸線指向東南，與斜行拗步同。重心在右
腿，脊柱向右擰轉，肩胸面向西南，兩手合抱胸前，右手
腕在左肘內，左手腕在右肘外，右掌心貼住左大臂前側肌
肉鼓起處，左掌心貼住右大臂後側。眼神領向左方，蓄好
向左後轉身之勁。

正　　　　　　　　側

閃通背勢定勢１

閃通背勢定勢2　　　　　　　　閃通背勢定勢3

定勢2要點

兩腳成丁字步，下盤如六封四閉定勢，兩手合抱如定勢1。整體面向正北。

定勢3要點

右手掌心朝外在身體中線，指尖斜指左上方，左手瓦壟掌，手腕內扣，在身體左前方，高度齊耳。兩手指尖相對，相距一尺左右。兩臂掤圓，沉肩墜肘，其餘要領同定勢2。

定勢4要點

重心在右腳，腳尖向東，左腳前腳掌著地，軸線亦向東，從定勢3動作，右腳腳跟為軸，左腳腳掌為軸向右轉90°而成。右肘抵住小腹右側，右手在中線，左肘在右手

閃通背勢定勢4　　　　　　閃通背勢定勢5

上方，左手手心向下，手指向前，整體面向正東。頭頂領
住勁，立身中正。

定勢5要點

左腳在前指向正東，右腳在左腳跟後一拳距離，與左
腳垂直，成丁字步。重心在左腿，立身中正，身體向正
東。左手在東偏北方向掌心向外，手掌橫放向右略向上
斜，小指尖高度與外眼角齊，左臂弧形外撐。右手掌心向
上位於身體前方中線，指尖向前，肘對心窩，掌與下頜
齊，右肩鬆沉，右臂前伸。

定勢6要點

重心在右腿，右腳腳尖向正南方，左腳在右腳東偏北
方位，左腳全腳掌著地，左髖內旋，腳跟在腳尖的東北方

閃通背勢定勢6　　　　　　　閃通背勢定勢7

位，左腳尖距離右腳約半步。兩手掌心向上，手指指向東北，身體面向正南，抬頭，眼看右手背。蓄右轉身之勢。

定勢7要點

兩腳平行，右腳在左腳西北方向，正馬步，胯向西南，身體略撐，面向正西。右手立掌，在心口前一尺左右，掌心向左，小臂橫放右胸前，右腋下含空，可容一拳。左手立掌前伸，位於口鼻正前方，左肘內側輕觸右手掌心。

── 閃通背勢解析 ──

閃通背勢左右轉身配合身法起落開合，以擒拿摔打之法為主，兼有肩、胯、肘法和各類掌擊之法。此勢可鍛鍊身體在旋轉中的協調和平衡能力，練習時須

體會身體轉軸變換和重心虛實之間的關係。閃通背勢
定勢6到定勢7之間，應充分放鬆肩膀和兩臂，左大
臂貼左耳下劈，有執長柄斧力劈華山之勢，其主宰在
腰背而非徒用臂膊之力。

段落小結

閃通背後接演手紅捶，之後這一節十三勢應用演
練告一段落，再以六封四閉和單鞭為承接下一段落之
開始。這一段自披身捶開始，至閃通背、演手紅捶結
束，是十三勢綱領和原則的第一種組合變化，是太極
十三勢在身體旋擰裹束基礎上以貼身短打和擒拿摔跌
之用為主的一種演繹，以身體的擰裹纏絲配合屈伸捲
放形成太極拳典型的龍騰蟒翻之勢。

這一段為本章重點著墨詳解之處，凡在《太極拳
勁意圖解——非視覺太極》一書未涉及的勢子，都分
定勢詳解。此段以後各勢，皆以每勢之最終定勢解說
為主，過勢僅以拳照展示，解說從略，習練者可結合自
己的拳勢參照印證。限於作者水準，難免掛一漏萬，還
請方家多加指正。

高探馬勢

高探馬勢定勢2要點

面向正北，身體和腿腳動作要領與六封四閉定勢要領
相同，左手、左臂方位要領與懶紮衣勢相應部位相同。右

高探馬勢定勢

臂從右肩前伸，右手掌心向下，成瓦壟掌，各手指順小臂方向向前，著意在掌根，鬆肩墜肘，膀子向前放長，右手與肩平，肘略低於肩。

右擦腳勢

右擦腳勢定勢5要點

左腿獨立，左腳尖指向東北，身體正向東；右腳向正東踢起，腳背與右掌心相擊於腰腹高度，右膝略屈，拍擊完成後，手腳略分開，保持右腳在腰腹高度不落。左臂向左側後方撐住勁，保持身體平衡，左腿屈膝，左胯放鬆略下沉，左腳底放平，腳趾前伸並上挑。

右擦腳勢定勢1

右擦腳勢定勢2

右擦腳勢定勢3

右擦腳勢定勢4

右擦腳勢定勢5

左擦腳勢

左擦腳勢定勢1

左擦腳勢定勢2

左擦腳勢定勢5要點

右腿獨立，左腳尖指向東南，身體向正東，勢子與右擦腳勢呈鏡像對稱。

左擦腳勢定勢3

左擦腳勢定勢4

左擦腳勢定勢5

左蹬一根勢

左蹬一根勢定勢7要點

身體微右側身，右腿屈膝獨立，右髖關節放鬆，右胯下坐，頭頂上領，右腳趾前伸並略上挑；左腿橫起，向左蹬平，力點靠腳跟。兩臂左右伸平，兩手握拳，拳心向下，拳面向外。此處是一彈擊勁，手、足到盡頭後順勢略彈回。

左蹬一根勢定勢1

左蹬一根勢定勢2

左蹬一根勢定勢3

左蹬一根勢定勢4

背

正

左蹬一根勢定勢5

左蹬一根勢定勢6

左蹬一根勢定勢7

擊地捶勢

擊地捶勢定勢3要點

左腳在右腳西南一大步，兩足平行，重心在左腿，左腳抓地。左拳護在左側太陽穴外一拳左右，高度與額角齊，左肘墜下；右拳從左膝前外側下擊，拳面離地三寸左右。左腿、髖、膝、足之相對位置在同一豎直平面上；右腿屈膝外掤。提肛收腹，後背成弓形，右肩放長，立身中正，目光注視右拳，耳聽右後。

擊地捶勢定勢1

擊地捶勢定勢2

擊地捶勢定勢 3

翻身二起腳勢

翻身二起腳勢定勢 3、動勢、定勢 4 要點

二起腳動作是一個凌空的動態過程，不能用定勢定格，故特別做動態說明。

定勢 3 是翻身二起腳之蓄勢，重心在右腿，右腿屈蹲，脊背右擰；左腿在後，左腳全腳掌著地，腳尖在腳跟正東，左腿伸直。左拳在身體正前方，左肩放長，肘下墜略低於肩，左拳高度與下頜齊；右拳在後，右肩肘平齊，拳高齊耳，兩拳前後對爭，協助腰脊蓄擰彈之勢。

左膝領勁向前上擊出，左腳隨之輕踢向前，至腰胯高度收回下落，左拳向下、向後變掌，再向上劃大圓弧以取平衡。左腳下落同時，右足向前、向上腳尖繃起踢出，右

拳變掌，從後向上、向前、向下走大圓弧，右掌心與右足背合擊在身體正前方，合擊點高度約與肩胸齊。左足落地，屈左膝緩衝下落之勢，同時左手立掌向左側撐出以保持平衡，右手在合擊點相對身體保持不變。右腿屈膝，右腳懸空，右肘與右膝相合，右足與右掌相對，成定勢4。

翻身二起腳勢定勢1

翻身二起腳勢定勢2　　翻身二起腳勢定勢3

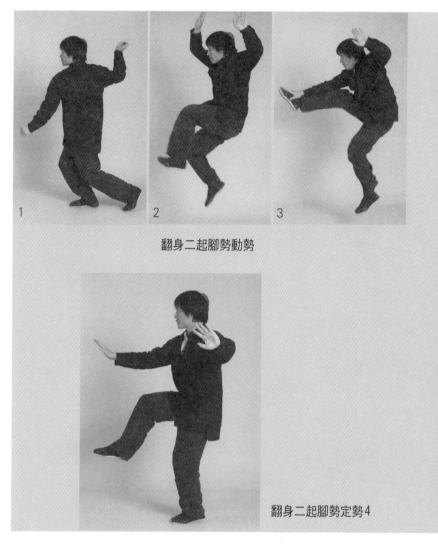

1　2　3

翻身二起腳勢動勢

翻身二起腳勢定勢4

　　此勢騰空踢擊過程中，手、足都有較大的動作，練習者在練習時心須專注，動作幅度由小到大，強度由弱到強，循序漸進，找到動作的節奏感和協調性後方可做完整動作。

獸頭勢（護心錘勢）

獸頭勢定勢4要點

　　兩腳成正馬步站立，正對東方，重心在兩腳中間。左小臂在胸下腹上位置，水平橫護，左拳立起，拳心向內，在上腹前偏右位置；右肘在左拳眼上方，正對左拳，右拳拳心向內，拳面斜向左上，位於身體前正中線胸上咽下位置。頭頂領勁不丟，鬆腰落胯，腳掌放平。

獸頭勢定勢1

獸頭勢定勢2

獸頭勢定勢3

正　　　　　　側

獸頭勢定勢4

旋風腳勢

旋風腳勢定勢3、動勢、定勢4要點

重心完全到右腿，右腳腳尖指向西南方向，左腳前腳

掌著地，腳跟提起，右膝內側抵住左膝內側後方；脊背擰
轉，肩胸面向正西方向，兩臂在胸前合抱，兩手成「十」
字手，在身體正中線上向正西方向掤出，成定勢3。此時
全身蓄滿右轉旋風腿之勢，左腿離地向右向外弧形掃起，

旋風腳勢定勢1

旋風腳勢定勢2

旋風腳勢定勢3

兩臂不丟掤勁向外向下分開，同時以右腳跟為軸，身體轉
向正北，在身體轉到西北到正北之間時左掌心與左足背合
擊，身體轉到正北時兩臂對稱並弧形向兩側撐開，兩掌心
向外，手指尖向下，左腳在右腳正西方著地，距離略大於
肩寬，兩腳平行向北。頭頂虛領，右腳掌放平，重心在兩
腳之間，成定勢4。

旋風腳勢動勢

旋風腳勢定勢4

右蹬一根勢

右蹬一根勢定勢2要點

身體微左側身，左腿屈膝獨立，左髖關節放鬆，左胯下坐，頭頂上領，左腳趾前伸並略上挑；右腿橫起，向右蹬平，力點靠腳跟。兩臂左右伸平，兩手握拳，拳心向下，拳面向外。此處是一彈擊勁，手、足到盡頭後順勢略彈回。

右蹬一根勢定勢1

右蹬一根勢定勢2

小擒打勢

小擒打勢定勢3要點

下盤偏馬步，腳尖向正南方向，重心偏左腿。身體轉向東南，左臂橫向掤圓，左手在東南方向，掌心向外撐住，與肩同高。右手立掌，在左掌下方約一尺，手指指向左手，掌心向東略偏南，略向下斜。右臂掤圓，成下弧形，在肋骨和小腹前。立身中正，氣沉丹田，腳下放平，目視左前方，耳聽右後。

小擒打勢定勢1

小擒打勢定勢2

小擒打勢定勢3

抱頭推山勢

抱頭推山勢定勢4要點

右腳斜對西南，左腳對正南，兩腳連線為東西方向。雙掌虎口圓撐，相對前推，手與胸齊，沉肩墜肘，立身中正，重心偏右腿。左膝外掤，右膝略扣，右髖、膝連線與右足軸線共在同一豎直平面上。兩腳腳底放平，呼氣放鬆，氣沉丹田。

抱頭推山勢定勢1

抱頭推山勢定勢2

抱頭推山勢定勢3

抱頭推山勢定勢4

段落小結

　　此一段自雲手始，經左右擦腳、蹬一根、二起腳、旋風腳、抱頭推山、三換掌至斜單鞭為一節。此

段勢法以腿法應用練習為主，屬遊場打法，多用放長
擊遠，手腳舒展，梢節擊人，兼有進身和追擊之法。
在身形上「開合寓鶴舞之姿」，以身體核心腰腹胸背
開合帶動四肢拳腳打法為特點，演習太極長拳之法。

前招勢

前招勢定勢要點

馬步斜向西南，重心偏左腿，脊柱左擰轉至肩胸面向
正南。兩手左上右下，在豎直方向與左足成一直線，兩掌
心同向南，左手與肩同高，右手與小腹平，兩虎口外側相
對。

前招勢定勢

後招勢

後招勢定勢要點

虛步，重心在左腿，左腳尖指向西南；右腳前腳掌內側著地，在左腳正西方半步距離，腳跟略外擺，右膝內扣。兩手右上左下，和右足位於同一豎直線上，右手高度與肩平，左手與小腹齊，兩掌心斜向西北，虎口外側相對。

側　　　　　　　　　　正

後招勢定勢

野馬分鬃勢

野馬分鬃勢定勢6要點

兩腳成雁行步，左腳軸指向正北，右腳指向西北，即所謂「不丁不八」。

身體面向正北，重心偏左腿，頭面向正西。左手瓦壟掌，掌心向上，手指向前，在左肩前側，左掌、左肩、下頜、鼻尖在同一豎直平面內。

左手前伸，高度與左肩平齊。右手掌心向下，與右肩平，在右肩東略偏北方位，右肘墜下，略低於肩，右手與

野馬分鬃勢定勢1

左手有對稱之勁。

　　頭頂虛領，落胯鬆腰，立身中正。與定勢4呈鏡像對

稱。

野馬分鬃勢定勢2　　　　　　野馬分鬃勢定勢3

野馬分鬃勢定勢4　　　　　　野馬分鬃勢定勢5

野馬分鬃勢定勢6

段落小結

　　此一節前後招接左右野馬分鬃，順承上一節開合鶴舞、梢節長打之勢，以接手進身之法化長為短，為出奇之變化。身形從「鶴舞之姿」變為「蟒翻之勢」，從開合鋪展之形，變為摚裹纏繞之勢。野馬分鬃後接六封四閉、單鞭勢，此處省略。

雙震腳勢

雙震腳勢定勢1、動勢、定勢2要點

　　接上式單鞭勢右轉身，成原金剛搗碓勢上右步點地之定勢（見《太極拳勁意——圖解非視覺太極》之「太極七

勢問道」圖：金剛搗碓-3、金剛搗碓-4），即成定勢1。

坐胯屈膝，左足五趾抓地，兩臂沉肩墜肘，同時左手順纏成手心向上，順於右小臂內側，左掌根與右肘內側相觸。

兩臂保持相對位置不變，頭頂向上領起，藉以上坐胯

雙震腳勢定勢1

1   2   3

雙震腳勢動勢

雙震腳勢定勢2

屈膝下沉之蓄勢反彈，兩臂上抬，令右膝和右肘相合，同時抬起右腿。

借向上慣性帶起左足，向上勢盡後，自由下落，下落過程中兩手逆纏成手心向下轉。左腳全腳掌先著地，左膝、左胯放鬆。隨後右腳全腳掌落地震腳，右腳震腳同時，兩手掌心轉成向下，兩掌按在右胯前方，左掌在右肘內側，右肘豎直對正右膝，右掌在右足正上方，成定勢2。

玉女穿梭勢

玉女穿梭勢要點

因玉女穿梭勢動作整體連貫一氣，故特在此說一下其整體要點。

左足保持雙震腳定勢位置不變。右手掌和右腳向前放長擊出，右手掌心向下，掌外沿領起小臂平揮，向西擊出，定勢為手指向西南，右臂成弧線與肩平。右腳腳底與地面平行，腳外沿在前，平鏟前擊，至左腿伸直後略回彈定勢。左肘領勁，左小臂齊胸水平，貼左胸肋向後擊出，左掌心向上貼於左肋。以上左、右手臂和右腿動作同起同止，勁要整，此時成定勢1。

右腳外擺，腳跟外側落地，重心由左腿迅速移向右腿，同時向右擰腰，左右手平拉換位，左手翻掌心向下，向西水平擊出，高度約於肩齊。同時右肘對稱平拉回，右手掌心向上，貼於右肋，重心到右腿，左腳跟離地，腳尖點地。身體、肩、胸面向正北，成定勢2。

借擰腰之勢和重心前移之慣性，左腿越過右腿前跨一大步，扣腳落地，腳尖向正北，重心到左腿。同時右手走一下弧與左臂交叉於左腿前上方，此時脊柱左擰，肩、胸面向西北，右腳腳尖點地，注意頭頂上領，立身中正，成定勢3。

左掌下按，右手領右臂向右上和右後展開，同時帶身體向右向後旋轉，右腳跟領勁，

玉女穿梭勢定勢1

玉女穿梭勢定勢2

玉女穿梭勢定勢3

亦領起腿和胯向右後掃轉。整體以左腳跟為軸，轉身同時
伸展兩臂和右腿至面向南定勢，重心偏於右腿。左肘與左
膝合，左小臂基本水平於左掌順直，左掌心向下，指向東

玉女穿梭勢定勢4

南。右臂向右前放長，右掌心向下與肩平，右肘略低於肩，上下與右膝豎直相對。成定勢4。

另外，定勢2以後，可以右腳蹬地向前向上躍出，在定勢3沒有明顯成形時直接空中蓄勢落地同時右後轉身成定勢4。

初學者宜用四定勢分解熟悉動作線路和勁路變化節奏，熟練後可用第二種連貫躍身練法代替之。

段落小結

此一節雙震腳、玉女穿梭為擺脫糾纏、突出重圍之法，以雙震腳起落驚雷之勢，當機立斷，再以玉女穿梭之縱躍法打開前路，以脫離群敵合圍之不利局面。

擺蓮跌叉勢

擺蓮跌叉勢定勢1

擺蓮跌叉勢定勢2

擺蓮跌叉勢定勢3

擺蓮跌叉勢定勢4

擺蓮跌叉勢定勢5

擺蓮跌叉勢定勢6

擺蓮跌叉勢定勢5、定勢6要點

左腳跟後側著地,左腳豎起,腳掌向前,蹬直左腿。右腿屈回,右膝裏扣並以內側著地,臀部貼近地面,成定勢5。或右膝、右小腿迎面骨、右足背著地,成定勢6。

左臂在左腿正上方，左拳前伸，墜肘與膝相合。右臂在右後弧形上舉，右拳心與左拳相呼應。頭頂領起，身體中正。

擺蓮跌叉勢注意事項

擺蓮跌叉分擺蓮腿和跌叉兩部分。擺蓮腿動作時雙手和右腳面合擊，合擊瞬間手腳運動正好相遇，此時須感受手腳齊到的一致性，而非用腳去打手或用雙手拍擊腳面。

跌叉動作對身體素質有較高的要求。其難度最高的練法是要求擺蓮腳後直接落地成跌叉如定勢5，並借勢彈起，接下一勢。難度次高的要求是擺蓮腳後右腳落地震腳，然後屈膝，左腿前蹬下叉成定勢5。

身體柔韌性和協調性不夠，或者練習不當，就很容易產生運動傷害。例如，練習者右腿內側肌肉力量和柔韌性不足，跌叉時容易造成肌肉拉傷，另外下叉和起身過程中膝關節容易產生不合理受力；再有練習者肌肉力量不足，會讓膝關節失穩從而導致半月板或韌帶和肌腱損傷。

因此，對一般練習者不建議按傳統要求跌叉，可改為擺蓮下勢。從小練習且身體素質足夠的練習者，在一定年齡以後也需注意減少跌叉練習。

擺蓮下勢要領

左腳跟後側著地，左腳豎起，腳掌向前，蹬直左腿。

擺蓮下勢

右腳尖指向東南45°方向，右腿屈膝坐胯，注意保證右髖、膝和右足位於同一豎直平面內。右膝關節夾角應小於90°。

左臂在左腿正上方，左拳前伸，墜肘與膝相合。右臂在右後弧形上舉，右拳心與左拳相呼應。頭頂領起，身體中正。

更雞獨立勢

更雞獨立勢定勢6要點

右腿屈膝獨立，頭頂虛領，鬆腰坐胯，右腳指向正東。左膝提起，左大腿與地面平行，小腿自然下垂，左腳掌平行地面。左大臂在左耳側上舉，左掌在頭頂正上方，掌心向上推住。右肩裏合，右掌在右大腿靠裏側前方，掌

更雞獨立勢定勢1

更雞獨立勢定勢2

更雞獨立勢定勢3

更雞獨立勢定勢4

更雞獨立勢定勢5　　　　　　更雞獨立勢定勢6

心向下按住，與左掌成對稱之勢。

　　與定勢2左更雞獨立定勢呈鏡像對稱之勢。

段落小結

　　此一節從雲手轉擺蓮跌叉為始，經更雞獨立接倒捲紅至閃通背、演手紅捶收至封閉單鞭勢，此一段為敗勢打法，在不利局面下求得轉敗為勝之機，故此節以擺蓮跌叉之摔跌失勢之典型狀態為眼目，點出敗勢求勝之關竅。

　　此節倒捲紅至單鞭一段和前貼身短打一段勢子雖有重複，但練習之重點有所不同，前一段重在身體纏

繞螺旋之擒拿貼靠之進身法，此一段重在步法靈機應
變之順暢靈活。學者宜用心體會。

十字擺蓮勢

十字擺蓮勢定勢4要點

左腿屈膝獨立，左腳指向西南。右腳立起，腳尖指
天，腳底面對東南，右膝微屈，右腳高度約在腰胯間，位
於身體西南方。

左右兩臂交叉合抱胸前，左臂在上，右臂在下，右掌
心向外，右手背貼左肩外側。左臂從右肘彎處伸出，向前
下放長，左掌心與右腳面合擊。

十字擺蓮勢定勢1　　　　　　十字擺蓮勢定勢2

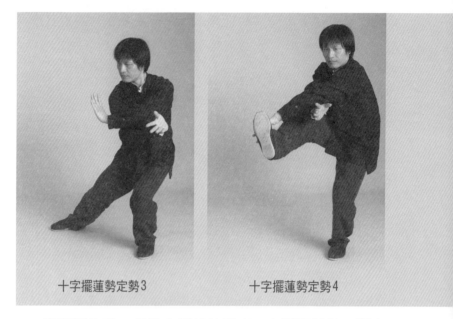

十字擺蓮勢定勢3　　　　　　十字擺蓮勢定勢4

頭頂領住勁，保持身體軸線豎直。左腳趾抓地，腳心含空，提肛收腹，後背張開成弓形。

指襠捶勢

指襠捶勢定勢5要點

步型成偏馬步，兩腳平行指向西北角，重心偏於左腿，左髖、膝、足共在同一豎直平面內。右膝略前紮並外掤，兩腳底放平，腳趾前伸並略上挑。

左肘領左臂向東南角放長，沉肩墜肘，左手四指屈回，食指前下伸出，指向右拳方向，左掌心貼於左肋，左肘、左小臂、左手食指成一直線。右手成拳，向西北方斜下放長，

腰脊左撑，身體和右臂與左大臂構成一個平面，頭頂領住勁，下頜正對右肩，右手腕順直，右臂與地面約成45°角。

指襠捶勢定勢1

背

正

指襠捶勢定勢2

指襠捶勢定勢3

指襠捶勢定勢4

指襠捶勢定勢5

白猿獻果勢

白猿獻果勢定勢3要點

左腿屈膝獨立，左腳尖向西南。左手成拳，置於左腰際，拳心向上。

右臂向正西放長，右拳拳心向上，拳面向正西，高與肩齊。右肘墜下與提起之右膝相合，右小腿自然下垂，右腳底平行地面，約與左膝齊高。

面向正西，眼神平視，立身中正。

白猿獻果勢定勢1

白猿獻果勢定勢2

背　　　　　　　　　　　正

白猿獻果勢定勢3

段落小結

　　此一段自雲手始，經高探馬、十字擺蓮、指襠捶、白猿獻果後收於封閉單鞭勢，為上驚下取之法。打法上長短結合，剛柔相濟。雖上盤虛實並現，驚打並舉，卻多為奪人耳目之疑兵，實為下盤暗藏之伏兵創造決勝之機。此段要領亦可視為群敵亂戰打法。

雀地龍勢

雀地龍勢定勢3要點

右腳指向南，左腳向東，兩腳垂直，距離約兩倍肩

雀地龍勢定勢1　　　　　　雀地龍勢定勢2

寬，重心偏於右腿，右膝立起。左髖關節外旋，左髖、膝連線對正左腳尖。臀部下坐，低於兩膝。

左臂在左腿內側前伸，左肘低於左膝，左拳面向東，拳心向上，放長左肩，並下沉與

雀地龍勢定勢3

左胯有相合之意。右拳在右後上方，右臂成弧形位於頭部右後，右拳與左拳有對稱之勢。

上步七星勢

上步七星勢定勢4要點

重心在左足，兩足尖對正東，右足在左足前約半步距離，右足尖點地。

兩掌在胸前交叉，手腕相接，掌心向內，右手在內左手在外，兩臂向前掤住勁，兩掌心與肩同高，兩肘墜下，略低於肩。

頭頂領住勁，有向右後撤轉之勢。

上步七星勢定勢1

上步七星勢定勢2

上步七星勢定勢3

上步七星勢定勢4

退步跨虎勢

退步跨虎勢定勢要點

面向正南，立身中正，正馬步站立，兩腳距離約兩倍肩寬，兩臂弧形向兩側撐開，兩手伸開，掌心向後，位於兩膝前方偏外側。

退步跨勢定勢

轉身擺蓮勢

轉身擺蓮勢定勢5要點

左腳屈膝獨立，腳尖指向東北。右膝微屈，兩臂向前

下放長，右腳裏合外擺後，腳面與雙手掌心合擊於東北
方，高度約在腰胯之間。左腳五趾抓地，腳心含空。頭頂
虛領頂勁，胸合背開，立身中正。

轉身擺蓮勢定勢1

轉身擺蓮勢定勢2

轉身擺蓮勢定勢3

轉身擺蓮勢定勢4 　　　　　　轉身擺蓮勢定勢5

當頭炮勢

當頭炮勢定勢4要點

下盤為半弓半馬之步，左腳指向東北，右腳指向正東，兩腳跟連線指向正北。重心偏於左腿，右膝彎曲並外掤住勁，左膝向左足尖對正，落胯鬆腰。

面向正北，兩拳向正北擊出，左拳心正對鼻尖，在鼻尖正前方一尺餘。掩左肘，順左肩，令左臂成弧線護住頭面前方中線；右臂與之呼應，右拳面向前，拳心向下，位於前額上方。整體有前衝之勢。

當頭炮勢定勢1

正

側

當頭炮勢定勢2

正　　　　　　　　　　側

當頭炮勢定勢3

正　　　　　　　　　　側

當頭炮勢定勢4

┌─ 段落小結 ─────────────────────┐

　　此一段從雀地龍、上步七星、轉身擺蓮、當頭炮
至金剛搗碓收勢，為整套拳法之結尾。身法以進退為
主，兼有顧盼，欲上先下，欲取先予，為虛實誆詐，
引進落空，退中寓進，可比槍法中之回馬槍法。

└────────────────────────────┘

總　結

　　以上擇要選講部分定勢，以為習練參考。讀者可能注
意到，其中並未講意氣的導引和運行，這並非是因作者保
守。太極拳之意氣，須拳勢熟練後自然生成，方為正道。

　　初學太極拳，在很長的時間裏，應用心在揣摩拳理、
拳勢和練法上下工夫，脫離身體的正確規矩去談意氣，大
抵都落入急於求成之旁門之中。而拳勢精熟、功夫純厚之
餘，意氣自隨，此天道酬勤、水到渠成之理。不求而得，
行正道，去障礙執著，行無為之法，是修行太極之正途。
妄想執著、貪求捷徑，雖言必稱無為，卻必定不能脫有為
之桎梏。在此聊記數言，與諸君共勉。

三才篇

三才篇簡介

《周易·繫辭下》云:「《易》之為書也,廣大悉備。有天道焉,有人道焉,有地道焉。兼三才而兩之,故六。六者非它也,三才之道也。」

《扁鵲神應針灸玉龍經·標幽賦》曰:「『天、地、人,三才也,湧泉同璇璣、百會。』百會在頂,應天,主乎氣;湧泉在足,應地,主乎精;璇璣在胸,應人,主乎神。得之者,生;失之者,亡乎。三才者也。」

「俠友太極三才篇」,融合了傳統養生術和太極拳精華,並結合了現代人生活節奏和運動習慣,全套共分三篇,配合靜功還虛。

天清　　地沉　　人勻　　還虛

該套功法可以使修習者在有限的時間空間裏達到舒展筋骨、疏通經絡、活動氣血的功效,對恢復和改善臟腑的消化吸收功能也有著顯著的作用。堅持練習還有能讓人體會到傳統功夫天人合一、自然和諧的效用。

天之德清靜鬆,地之氣沉緩穩,人之生勻和靈。動靜機,陰陽母,太極一動三才合。以此三段功法,應太極拳對人體的基本要求:上盤虛靈以應天清,下盤沉穩以應地

沉，中盤鬆活以應人勻。

三才篇要領讀法

　　以下「三才篇」動作說明中，英文字母為單個動作代號，數字為同類動作中的分解動作序號。其中 T、D、R 分別代表天、地、人；A、B、C……為此勢在天、地、人三篇中各自序列中的二級編號，A 代表第一勢，B 代表第二勢，依此類推；最後的數字代表動作在勢子中的序號。例如，代號 TA2，即為天清篇中的第一勢鳳展式的第 2 個動作。

　　每一勢名稱後的公式，表示此動作的次序和重複的次數。例如，鳳展式後的「T0—（TA1—TA2—TA3—TA4）× 6」，表示從 T0 天字椿開始，其後的 TA1、TA2、TA3、TA4 順次完成後，再從 TA1 開始重複，總共做 6 次。

天清篇

天字椿

　　T0　立身中正，兩腳併攏站直，左手掌心（內勞宮穴）貼著肚臍，右手掌心貼著左手背（外勞宮穴）。雙目

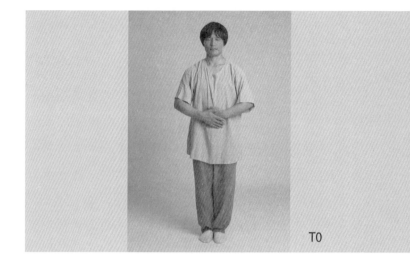

TO

微閉，自然呼吸。

【注意】內勞宮穴在手掌心，握拳屈指時中指尖處。外勞宮穴，在手背側，當第2、3掌骨之間，掌指關節後0.5寸。天字樁兩手的位置是男生左手在內右手在外，女生則右手在內左手在外。

鳳展式

$$TO—（TA1—TA2—TA3—TA4）\times 6$$

動作說明

TA1 由天字樁接入，立身中正，兩腳平行開立，腳內側與肩同寬，兩手自然垂於兩腿外側。

TA2

　　TA2　　兩臂自然伸直，由手腕領勁慢慢向兩側提起至肩平，同時屈膝坐胯，身體下沉，兩腳均勻受力，保持虛靈頂勁和立身中正，隨動作緩緩吸氣。

　　TA3　　兩手向左右伸展，胯略下沉，意識順著兩臂延伸到天邊，繼續吸氣。

　　TA4　　身體慢慢站直，兩臂自然下落收回至兩腿外側，掌心向內，隨動作均勻呼氣，意識從遠處收回到腳底湧泉穴。

提落式

$$（TB1—TB2—TB3—TB4）\times 6—T0$$

動作說明

　　TB1　　由天字樁接入，立身中正，兩腳開立，腳內側

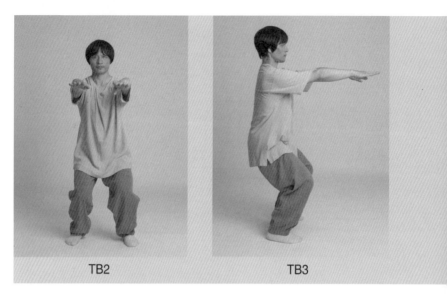

TB2   TB3

與肩同寬，兩手自然垂於兩腿外側。

　　TB2　兩臂自然伸直，由腕領勁向身體正前方提起至與肩同高，同時屈膝坐胯，身體下沉，兩腳均勻受力，立身中正，虛靈頂勁，隨動作均勻吸氣。

　　TB3　頭頂百會穴向上領起，胯略下沉，兩手向前伸展，意識隨之順兩臂向前延伸，繼續吸氣。

　　TB4　身體慢慢站直，兩臂自然下落收回至兩腿外側，掌心向後，同時隨動作均勻呼氣，意識從遠處收回到腳底湧泉穴。

朝陽式

視頻：朝陽式

$$T0—（TC1—TC2—TC3—TC4）× 6$$

動作說明

TC1 自然站立，兩腳平行開立，腳內側與肩同寬，兩手自然垂於兩腿外側。

TC2 身體重心略微下沉，膝蓋微屈不超過腳尖。兩手指尖相對、掌心向內，兩臂掤圓相對，慢慢提起至胸前。兩手繼續向前上，身體慢慢向後仰，雙手隨之翻轉掌心向外、虎口相對，運動到前額上方，同時吸氣，舌尖頂住上顎，後背肌肉放鬆，此時身體像一張反向張開的弓，閉氣6秒。

TC3 身體由頭頂領勁慢慢往回捲，脊椎骨由頸椎經胸椎再到腰椎，一節一節依順序往前捲至尾骨，同時由指尖領勁，手腕、肘、肩膀一節節往回捲至兩手位於兩腋下，掌心內凹向上，隨動作繼續吸氣。

正　　側

TC2

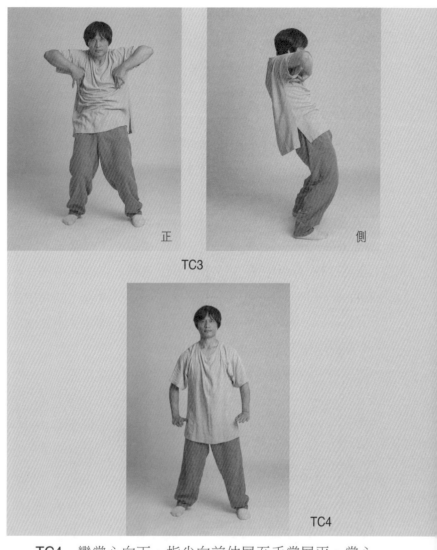

正　　側

TC3

TC4

TC4　變掌心向下，指尖向前伸展至手掌展平，掌心
向下按，頭頂百會穴往上領起，脊柱由上向下節節伸直，
同時兩手順著兩肋向下按至兩腿外側，同時呼氣放鬆，目
視前方，意識下沉至足底。

鳳舞式

（TD1—TD2）× 2—〔（TD3—TD4—TD5—TD6—
TD7—TD8—TD9—TD10）—（TD5—TD6—TD3—TD4—
TD9—TD10—TD7—TD8）〕× 2—T0

動作說明

TD1　由天字樁變為立正姿勢，頭頂百會穴向上領
起，同時屈膝鬆胯。兩手由身體兩側向上平舉，手背在頭
頂正上方相合，指尖向上。手指尖向上領起的勁和屈膝落
胯向下沉的勁對稱，有意識地將脊柱一節一節慢慢撐拉

正　　　　　　　　　　　　　側

TD1

開，隨動作慢慢吸氣。

TD2　頭頂領勁，身體慢慢站直，兩手同時由頭頂上方向兩邊分開，平落至兩腿外側，目視前方，隨動作慢慢呼氣放鬆。

TD3　立身中正，右腳向正前方邁一小步，兩手由手腕領勁同時由兩腿外側向兩側展開。兩臂繼續上舉至兩手背在頭頂正上方相合，指尖向上。重心在後腳，成虛步。頭頂和兩手向上領起的勁與屈膝坐胯的勁成對稱。

TD4　重心移到前腳，同時兩手由頭頂正上方位置慢慢展開下落至兩腿外側，後腳跟上，與前腳併攏，同時慢慢站直，成立正姿勢。

TD5　立身中正，左腳向身體正後方邁出一小步。兩手由手腕領勁同時向兩側展開上舉至頭頂正上方，兩手背相合，兩臂自然伸直，手指尖向上。

TD6　重心由前腳慢慢換到後腳，成虛步，虛步的前腳慢慢收回，與後腳相併攏。同時兩手由頭頂正上方位置緩緩展開下落至兩腿外側，身體慢慢站直。虛領頂勁，沉肩墜肘，目視前方，隨動作緩緩呼氣。

TD7　立身中正，左腳向左邁一步，兩手由手腕領勁同時由兩腿外側向兩側展開上舉至兩手背在頭頂正上方相合，指尖向上，重心在右腳。頭頂和兩手向上領起的勁與屈膝坐胯的勁成對稱。

TD8　重心移到左腳，右腳收到左腳旁，與左腳併步，同時兩手由頭頂正上方位置慢慢展開下落至兩腿外側，同時身體慢慢站直，成立正姿勢。

1正

1側

2正

2側

TD3

　　TD9　立身中正，右腳向右方邁出一小步，重心保持
在左腳。兩手由手腕領勁同時向兩側展開上舉至頭頂上

1正

1側

2正

2側

TD5

方，兩手背相合，兩臂自然伸直，手指尖向上。

TD10 重心由左腳慢慢換到右腳，收回左腳與右腳併

TD7

TD9

攏，兩手同時由頭頂正上方緩緩展開下落至兩腿外側，頭
頂領勁，身體慢慢站直。虛領頂勁，目視前方，隨動作緩

緩呼氣。

地沉篇

地字樁

D0　立身中正，兩腳開立，腳內側距離兩倍於自己的肩寬。虛靈頂勁，屈膝坐胯成馬步，兩手虎口撐圓，同時向外向下掤出，虎口相對，掌心向下，沉肩墜肘。目視前方，耳聽身後，呼吸自然，氣沉丹田。

D0

馬步推挽式

D0—DA1—DA2—DA3—（DA4—DA3）×4

動作說明

DA1　地字樁動作到位後，兩手握拳，順纏至拳心向上並提至兩肋，同時吸氣，提肛斂臀，腳趾抓地，腳心含空。

DA2　胯下沉，逆纏兩手坐腕舒指，變為指尖向上，

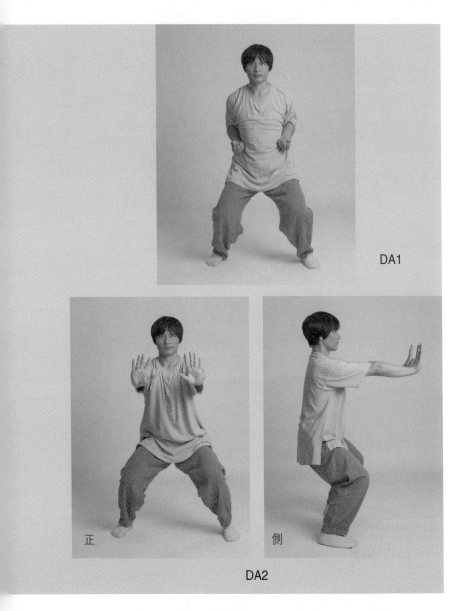

DA1

正　　　　　　側

DA2

掌心向身體正前方，並慢慢向正前方推出，身體中正，下盤成正馬步，同時緩緩呼氣。

變拳　　　　　　　　　　　　　　　　收回

DA3

DA3　兩手同時順纏變拳，屈肘收回胸前兩側，拳心向上，拳面向正前方，同時吸氣，身體慢慢站直。

DA4　屈膝坐胯，其餘要領同「DA2」。

側向推挽式

$$DA3—（DB1—DB2）×5—D0$$

動作說明

DB1　屈膝坐胯，身體重心慢慢下沉，雙手逆纏，同時由拳變掌，兩手立掌，掌心向外，向身體左右兩側推出，至兩臂伸直，與肩相平，同時呼氣。

DB2　兩手同時順纏變拳，屈肘收回兩肋側，拳心向上，拳面向正前方，同時吸氣，身體慢慢站直。

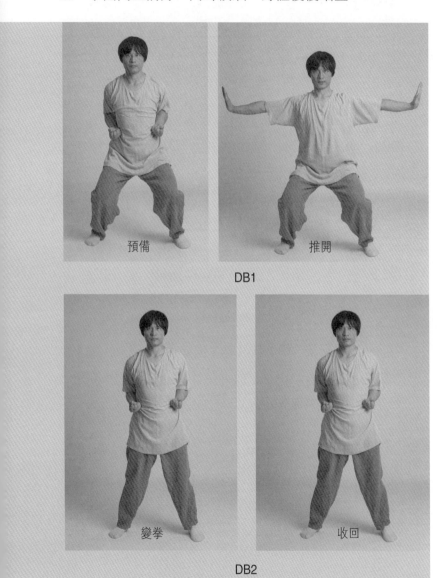

預備　　　　　　　　　　　　推開

DB1

變拳　　　　　　　　　　　　收回

DB2

金剛琵琶式

$$D0—DC1—（DC2—DC3）\times 4—D0\ —T0$$

動作說明

DC1 兩手由大腿兩側上方順纏合至胸前，左肘對準心口膻中穴，在心口正前方一尺左右，左手小指對準自己嘴和鼻尖，指尖向前，在左肘前上方，小臂與大臂成120°角左右。右手立掌，掌心附在左肘內側，指尖順著左手方向。兩手猶如手抱琵琶一般，兩腋下含空，能容一拳。

DC2 下盤正馬步，固定住胯的方向，上身以腰為

正　　　側

DC1

軸，保持兩手及兩手與前胸相對位置不變，向左轉至左側
後方。左手逆纏，螺旋下沉，右手順纏，從左肘下螺旋上
升，左右手位置互換，以腰為軸轉至正前方。此時動作正
好與「DC1」最終定勢呈鏡像對稱。

左極限位正

左極限位側

換掌

回轉

DC2

回正　　　　　　　　DC2

DC3　下盤正馬步，固定住胯的方向，上身以腰為軸，保持兩手及兩手與前胸相對位置不變，向右轉至右側後方。右手逆纏，螺旋下沉，左手順纏，從右肘下螺旋上升，左右手位置互換，以腰為軸轉至正前方。此時動作正好與「DC1」最終定勢相同。

人勻篇

人字樁

R0　此勢要領同混元樁。

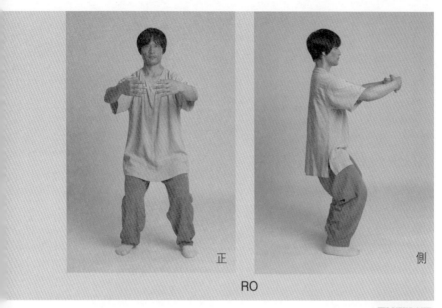

正　　　　　側

RO

定步四正式

定步四正式

RO—RA1—（RA2—RA3—RA4—RA5—RA6—
RA7—RA8—RA9）×6—R0

動作說明

RA1　左腳收回右腳旁，兩手隨之下落到胯側，重心
落於右腿。保持虛領頂勁，立身中正。

RA2　身體由腰帶動略向右轉引勁，兩手隨之，同時
右手順纏左手逆纏，隨腰右轉到右前45°左右。重心略下
沉，腰轉向左前方45°，同時左腳向左前方出步，重心慢

RA2　　　　　　　　RA3

慢由右腿向左腿移動，右臂逆纏、左臂順纏，隨腰轉動向
左前方掤出，左手與肩平，左肘略低，右手在左手正下方
一尺左右，手心向前上，手指向前下方。右肘向外向下掤
勁，腋下含空，左肘下塌外碾，把左肩放開，重心移至左
腿七成勁。

RA3　左手略加強掤勁，逆纏向前放長；右肩肘下
沉，右手立起，指尖向上，順纏上升同時向前放長，至與
左手平齊高度，兩手相距約一尺。

RA4　右手逆纏至手心向下，兩手順勢向下捋至右胯
前方，同時重心略下沉，移至右腿。

RA5　兩手由右胯前方向前下按至小腹前，同時收左
腳至兩腳併攏，身體慢慢站直，呼氣放鬆。

RA6　身體由腰帶動略向左轉引勁，兩手隨之，同時

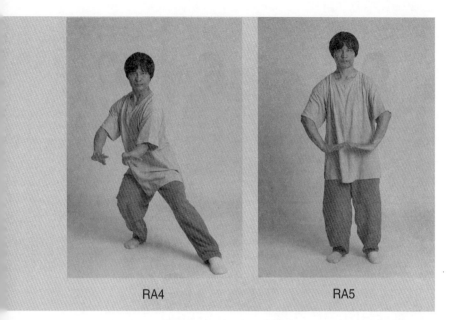

RA4   RA5

左手逆纏、右手順纏，隨腰左轉到左前45°左右。重心略下沉，腰轉向右前方45°，同時右腳向右前方出步，重心慢慢由左腿向右腿移動，左臂逆纏、右臂順纏，隨腰轉動向右前方掤出，右手與肩平，右肘略低，左手在右手正下方一尺左右，手心向前上，手指向前下方。左肘向外向下掤勁，腋下含空，右肘下塌外碾，把右肩放開，重心移至右腿七成勁。此勢動作與RA2呈鏡像對稱。

RA7　右手略加強掤勁，逆纏向前放長；左肩肘下沉，左手立起，指尖向上，順纏上升同時向前放長，至與右手平齊高度，兩手相距約一尺。此勢動作與RA3呈鏡像對稱。

RA8　左手逆纏至手心向下，兩手順勢向下捋至左胯前方，同時重心略下沉，移至左腿。此勢動作與RA4呈鏡

像對稱。

RA9　兩手由左胯前方向前下按至小腹前。此勢動作與 RA5 呈鏡像對稱。隨後收右腳至兩腳併攏，身體慢慢站直，呼氣放鬆。

彎弓射虎式

視頻：彎弓射虎式

R0─〔RB1─（RB2─RB3─RB4─RB5─RB6─RB7）× 7─（RB8─RB9─RB10─RB11─RB12─RB13）×7〕─R0

動作說明

RB1　由人字樁收左腳回立正姿勢，目視前方，呼吸自然。

RB2　雙手同時由「下─右─上─左」順序掄起，兩臂掄到左邊手與肩平，掄臂同時左腳向左側平開一大步，身體下沉，左手握拳固定，右手握拳，由右肘領勁向右平拉開如開弓狀，重心移向右腿。

RB3　右腳蹬地，重心左移，右手拳變掌，向左手方向快速伸出，與左手平，同時左拳變掌，兩掌心相對，兩手指伸直，平行向左。

RB4　重心移到右腿，將左腳收回與右腳併攏，成立正姿勢，收腳同時兩手由左方下落至自然下垂位置。

RB5　雙手同時由「下─左─上─右」順序掄起，兩

正　　　　　　　　　　　　側

RB3

臂掄到右邊手與肩平，掄臂同時右腳向右側平開一大步，
身體下沉，右手握拳固定，左手握拳，由左肘領勁向左平
拉開如開弓狀，重心移向左腿。此勢動作與RB2呈鏡像對

稱。

RB6 左腳蹬地，重心右移，左手拳變掌，向右手方向快速伸出，與右手平，同時右拳變掌，兩掌心相對，兩手指伸直，平行向右。此勢動作與RB3呈鏡像對稱。

RB7 重心移到左腿，將右腳收回與左腳併攏，成立正姿勢，收腳同時兩手由右方下落至自然下垂位置。

RB8 雙手同時由「下—右後—上—正前」順序掄起，兩臂掄到正前方與肩平位置，掄臂同時左腳向前方開一大步，身體下沉，左手握拳固定，右手握拳，由右肘領勁向後平拉開如開弓狀，重心移向右腿。

RB9 右腳蹬地，重心前移，右手拳變掌，向左手方向快速伸出，與左手平，同時左拳變掌，兩掌心相對，兩手指伸直，平行向前。

RB10 重心移到右腿，將左腳收回與右腳併攏，成立正姿勢，收腳同時兩手由前方下落至自然下垂位置。

RB11 雙手同時由「下—左後—上—正前」順序掄起，兩臂掄到正前方與肩平位置，掄臂同時右腳向前方開一大步，身體下沉，右手握拳固定，左手握拳，由左肘領勁向後平拉開如開弓狀，重心移向左腿。

RB12 左腳蹬地，重心前移，左手拳變掌，向右手方向快速伸出，與右手平，同時右拳變掌，兩掌心相對，兩手指伸直，平行向前。

RB13 重心移到左腿，將右腳收回與左腳併攏，成立正姿勢，收腳同時兩手由前方下落至自然下垂位置。

活步四正式

視頻：活步四正式

R0—（RC1—RC2—RC3—RC5）—（RC6—RC7—RC8—RC9）—（RC10—RC11—RC12—RC13）—（RC14—RC15—RC16—RC17）—（RC6—RC7—RC8—RC9）—（RC2—RC3—RC4—RC5）—（RC14—RC15—RC16—RC17）—（RC10—RC11—RC12—RC13）—T0

動作說明

RC1 左腳收回至右腳旁，成立正姿勢，目視前方，呼吸自然。

RC2 身體由腰帶動略向右轉引勁，兩手隨之，同時右手逆纏左手順纏，隨腰右轉到右前45°左右。重心略下沉，腰轉向左前方45°，同時左腳向左前方出步，重心保持在右腿，右臂逆纏、左臂順纏，隨腰轉動向左前方掤出，左手與肩平，左肘略低，右手在左手正下方一尺左右，手心向前上，手指向前下方。右肘向外向下掤勁，腋下含空，左肘下塌外碾，把左肩放開，重心移至右腿七成勁。

RC3 左手略加強掤勁，逆纏向前放長，右肩肘下沉，右手立起，指尖向上順纏上升，同時向前放長，至與左手平齊高度，兩手相距約一尺，同時重心移至左腿七成勁。

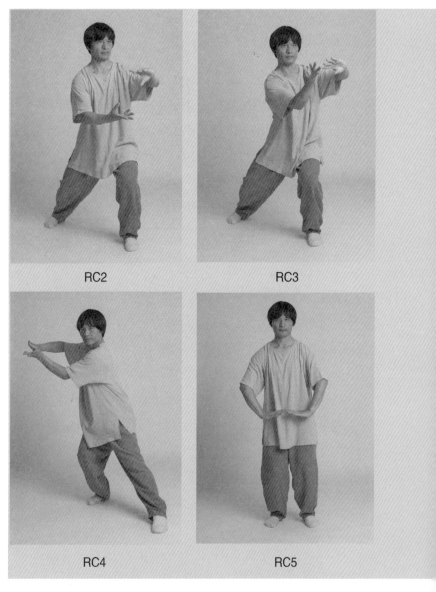

RC2　　　　　　　　　　　RC3

RC4　　　　　　　　　　　RC5

　　RC4　左手順纏向中線掩肘，右手逆纏橫肘掤圓，同時身體以腰為軸向右轉至右側方，兩手平捋隨之，重心完

全移至右腿。

RC5　身體以腰為軸由右向前轉正，兩手由掌跟領勁隨腰轉下按至小腹前，同時將右腳收回與左腳併攏，成立正姿勢。

RC6　身體由腰帶動略向左轉引勁，兩手隨之，同時左手逆纏右手順纏，隨腰左轉到左前45°左右。重心略下沉，腰轉向右前方45°，同時右腳向右前方出步，重心保持在左腿，左臂逆纏、右臂順纏，隨腰轉動向右前方掤出，右手與肩平，右肘略低，左手在右手正下方一尺左右，手心向前上，手指向前下方。左肘向外向下掤勁，腋下含空，右肘下塌外碾，把右肩放開，重心移至左腿七成勁。此勢動作與RC2呈鏡像對稱。

RC7　右手略加強掤勁，逆纏向前放長，左肩肘下沉，左手立起，指尖向上順纏上升，同時向前放長，至與右手平齊高度，兩手相距約一尺，同時重心移至右腿七成勁。此勢動作與RC3呈鏡像對稱。

RC8　右手順纏向中線掩肘，左手逆纏，橫肘掤圓，同時身體以腰為軸向左轉至左側方，兩手平挬隨之，重心完全移至左腿。此勢動作與RC4呈鏡像對稱。

RC9　身體以腰為軸由左向前轉正，兩手由掌跟領勁隨腰轉下按至小腹前，同時將左腳收回與右腳併攏，成立正姿勢。此勢動作與RC5呈鏡像對稱。

RC10　身體由腰帶動略向左轉引勁，兩手隨之，同時左手逆纏右手順纏，隨腰左轉到左前45°左右。重心略下沉，腰轉向右前方，同時左腳向左後方45°出步，重心

保持在右腿，左臂逆纏、右臂順纏，隨腰轉動向右前方掤出，右手與肩平，右肘略低，左手在右手正下方一尺左右，手心向前上，手指向前下方。左肘向外向下掤勁，腋下含空，右肘下塌外碾，把右肩放開，重心移至右腿七成勁。

RC11　右手略加強掤勁，逆纏向前放長，左肩肘下沉，左手立起，指尖向上順纏上升，同時向前放長，至與右手平齊高度，兩手相距約一尺，同時重心移至左腿七成勁。

RC12　右手順纏向中線掩肘，左手逆纏，橫肘掤圓，同時身體以腰為軸向左轉至左側方，兩手平捋隨之，重心移至左腿。

RC13　身體以腰為軸由左向前轉正，兩手由掌跟領勁隨腰轉下按至小腹前，同時將右腳收回與左腳併攏，成立正姿勢。

RC14　身體由腰帶動略向右轉引勁，兩手隨之，同時右手逆纏左手順纏，隨腰右轉到右前45°左右。重心略下沉，腰轉向左前方，同時右腳向右後方45°出步，重心保持在左腿，右臂逆纏、左臂順纏，隨腰轉動向左前方掤出，左手與肩平，左肘略低，右手在左手正下方一尺左右，手心向前上，手指向前下方。右肘向外向下掤勁，腋下含空，左肘下塌外碾，把左肩放開，重心移至左腿七成勁。

RC15　左手略加強掤勁，逆纏向前放長，右肩肘下沉，右手立起，指尖向上順纏上升，同時向前放長，至與左手平齊高度，兩手相距約一尺，同時重心移至右腿七成勁。

RC16　左手順纏向中線掩肘，右手逆纏，橫肘掤圓，同時身體以腰為軸向右轉至右側方，兩手平捋隨之，重心移至右腿。

RC17　身體以腰為軸由右向前轉正，兩手由掌跟領勁隨腰轉下按至小腹前，同時將左腳收回與右腳併攏，成立正姿勢。

還虛篇

視具體環境和實際情況，人字樁 R0 進行 9 次呼吸，換地字樁 D0 進行 6 次呼吸，最後接天字樁 T0 進行 9 次呼吸。呼吸時要注意勻柔綿長，以自己聽不到呼吸聲為度。然後用混元樁收勢，順逆螺旋圈後收功。

混元樁收勢

三才篇練法

　　三才篇整套動作可以跟隨音樂順次連續練習，也可任選其中一段或幾段動作單獨練習。練習強度以呼吸勻和、身出微汗為度。

　　天清篇全段伴奏音樂可用古箏曲《雲水禪心》。

　　地沉篇伴奏音樂可用冀一先生演奏的古琴曲《寒山僧蹤》。

　　人勻篇第一節定步四正可用簫曲《鳳凰臺上憶吹簫》；第二節彎弓射虎可用李祥霆先生演奏的古琴曲《酒狂》；第三節活步四正可用簫曲《關山月》。

附錄

此處所收錄陳式太極拳相關的一些套路譜子，以師門傳授為主。現參照考證一些老譜，將其彙編如下，供讀者參考。

傳統陳式太極拳二路說明

　　陳式太極拳二路，屬於太極拳練法套路中鬆透以後的發勁練習。單獨而言，二路拳並不算完整的太極拳練法，因為從次第上講，二路拳沒有像一路拳那樣完善的太極拳結構體系，而是側重於懂勁以後各種方位、角度的發勁練習。二路可作為太極拳練習者從練習到散手應用的過渡方法。

　　現在有很多練習者，在沒有達到身心懂勁的基礎下，將二路作為一種另類風格的太極拳套路進行演練，因其本身勁路不夠順暢，演練時難免出現努勁拙力和丟瘺頂抗的問題。如此，也就失去了太極拳順勢借力、捨己從人的內涵精髓，並且錯誤的狀態下發勁練習多了，也容易導致運動損傷。因此，在拳法練習未能做到勁路節節貫串、拳勢連綿不斷的情況下，不建議練二路拳。

傳統陳式太極拳二路拳譜

（亦稱炮捶）

1. 金剛搗碓　　　　　　2. 懶紮衣

3. 六封四閉　　　　　　4. 單鞭

5. 左搬攔捶　　　　　　6. 右搬攔捶

7. 躍步護心捶　　　　　8. 拗步斜行

9. 煞腰壓肘　　　　　　10. 井纜直入

11. 風掃梅花　　　　　　12. 金剛搗碓

13. 披身捶　　　　　　　14. 撇身捶

15. 斬手　　　　　　　　16. 翻花舞袖

17. 演手紅捶　　　　　　18. 飛步拗鸞肘

19. 雲手（前三）　　　　20. 高探馬

21. 雲手（後三）　　　　22. 高探馬

23. 連環炮　　　　　　　24. 倒騎龍

25. 白蛇三吐信　　　　　26. 海底翻花

27. 演手紅捶　　　　　　28. 轉身六合

29. 左裹鞭炮（二記）　　30. 右裹鞭炮（二記）

31. 獸頭勢　　　　　　　32. 劈架子

33. 翻花舞袖　　　　　　34. 演手紅捶

35. 伏虎　　　　　　　　36. 抹眉紅

37. 右黃龍三絞水　　　　38. 左黃龍三絞水

39.左蹬一根　　　　40.右蹬一根
41.海底翻花　　　　42.演手紅捶
43.轉脛炮　　　　　44.演手紅捶
45.左衝　　　　　　46.右衝
47.倒插　　　　　　48.海底翻花
49.演手紅捶　　　　50.奪二肱
51.連珠炮（三記）　52.右轉玉女穿梭
53.回頭當門炮　　　54.左轉玉女穿梭
55.回頭當門炮　　　56.撇身捶
57.拗鸞肘　　　　　58.順鸞肘
59.穿心肘　　　　　60.窩裏炮
61.井纜直入　　　　62.風掃梅花
63.金剛搗碓　　　　收勢

傳統陳式太極劍譜

1.預備式　　　　　2.東峰銜日
3.仙人指路　　　　4.葉底藏花
5.朝陽劍　　　　　6.哪吒探海
7.青龍出水　　　　8.左右護膝
9.閉門劍　　　　　10.青龍出水
11.轉身劈劍　　　　12.回身劍
13.斜飛勢　　　　　14.鳳凰展翅

15. 鳳凰點頭　　16. 撥草尋蛇

17. 金雞獨立　　18. 哪吒探海

19. 蓋攔劍　　　20. 枯樹盤根

21. 餓虎撲食　　22. 左右車輪

23. 倒捲紅　　　24. 野馬跳澗

25. 白蛇吐信　　26. 二龍戲珠

27. 虛步亮劍　　28. 上步刺劍

29. 黑熊翻背　　30. 燕子啄泥

31. 回身點劍　　32. 鷹熊競智

33. 燕子啄泥　　34. 靈貓撲鼠

35. 金雞抖翎　　36. 海底撈月

37. 哪吒探海　　38. 犀牛望月

39. 疾風掩草　　40. 斜飛勢

41. 左托千斤　　42. 右托千斤

43. 左截腕　　　44. 右截腕

45. 橫掃千軍　　46. 金針倒掛

47. 金蜂點蕊　　48. 白猿獻果

49. 落花勢　　　50. 上下斜刺

51. 斜飛勢　　　52. 探身刺

53. 怪蟒翻身　　54. 黃蜂出洞

55. 磨盤劍　　　56. 金針指南

57. 還原式

陳式太極劍歌訣[1]

東峰銜起仙人指，葉底花開朝陽劍，
探海青龍護膝邊，門閉龍出轉身劈，
回身一劍斜飛走，鳳凰展翅又點頭，
尋蛇金雞立探海，蓋攔盤根餓虎撲，
車輪倒捲野馬澗，吐信雙龍虛步亮，
上步劍刺黑熊背，燕子回身點鷹熊，
啄泥撲鼠金雞翎，撈月哪吒犀牛望，
掩草斜飛托山走，左右截腕掃千鈞，
倒掛點蕊白猿果，落花上下刺斜飛，
探身蟒翻黃蜂出，磨劍金針指還原。

陳式太極十三槍槍譜（大槍）

夜叉探海（起勢）
　1.青龍出水　　　　　　　　2.童子拜觀音

---

　❶此歌訣為作者初學太極劍時為便於記憶所編，錄此供初學者參考。

3. 餓虎撲食　　　　4. 攔路虎

5. 斜劈橫掃眉　　　6. 井欄倒掛

7. 腰群攔槍　　　　8. 中軍出隊

9. 倦鳥入巢　　　　10. 面劈背崩

11. 面劈背纏　　　　12. 白猿拖槍

13. 蒼龍擺尾　　　　懷中抱月（收勢）

傳統陳式太極單刀二十四式刀譜

起勢

1. 金剛搗碓　　　　2. 護心刀

3. 青龍出水　　　　4. 風捲殘雲

5. 白雲蓋頂　　　　6. 黑虎搜山

7. 蘇秦背劍　　　　8. 金雞獨立

9. 迎風滾閉　　　　10. 腰斬白蛇

11. 日套三環　　　　12. 左斜劈

13. 右斜劈　　　　　14. 撥雲望日

15. 左撥草尋蛇　　　16. 右撥草尋蛇

17. 青龍出水　　　　18. 風捲殘雲

19. 雁別金翅　　　　20. 夜叉探海

21. 左翻身砍　　　　22. 右翻身砍

23. 白蛇吐信　　　　24. 懷中抱月

收勢

陳式太極梨花槍夾白猿棍譜

　　據筆者考證，這套槍棒法實為明代楊家梨花槍二十四基本槍勢的一種練法，這種練法是在楊家槍勢裏結合了太極拳的一些練法而成。現將其做成表格，以備有興趣的讀者進一步考證。

　　注：表1中槍勢順序從左至右，從上到下，總共76式，其中標出數字的式子為楊家梨花槍24式。後面「二十四槍歌訣」為練法歌訣。

表1　陳式太極梨花槍夾白猿棍譜

1		2		3		4		5		6		7				8		9
夜叉探海	全舞花	中平槍（四夷賓服）	急三槍	上平槍（指南針）	卸下珍珠倒捲簾	下平槍（十面埋伏）	顛腿擄一槍	青龍獻爪	上步捉一槍（掃地刺）	邊攔槍	掩兩槍	黃龍點杆	挑一槍	扎一槍	半個舞花	裙攔槍（跨劍勢）	回頭半個舞花	地蛇槍（鋪地錦勢）
				10		11		12		13		14		15		16		
挑一槍	刺一槍	掩兩槍	左搖旗一掃	朝天槍	右搖旗一掃	鐵牛耕地	回頭半個舞花	滴水槍	掩兩槍	上騎龍	上步撥草尋蛇	猿猴拖槍	回頭烏龍入洞	抱琵琶	往前掩兩槍	靈貓捕鼠	左撲	右撲
						17		18		19							20	
轉身卸刺一槍	回頭蹬一根子	單手出槍	全舞花	二郎擔山	掩兩槍	泰山壓卵	回頭半個舞花	美女認針	回頭半個舞花	蒼龍擺尾	背後往前擋一槍	掃一槍	往右再擋一槍	往左再掃一槍	半個舞花	往前掩兩槍	刺闖鴻門	回頭掃一槍
			21				22			23					24			
全舞花	二郎擔山掃一槍	半個舞花	六封槍	半個舞花	玉女穿梭	全舞花	護膝槍	掩兩槍	回頭掃一槍	鷂子撲鵪鶉	右擋一槍	轉身上腿挑一跟子	扎一槍	半個舞花	太公釣魚	往前扎一槍	後退一步轉身扎一槍	懷中抱月

二十四槍歌訣

夜叉探海人莫識，舞花槍去下中平，
當門先紮上平槍，捲簾倒退且留情，
下平暗定埋伏勢，滾地進來出青龍，
青龍獻爪邊欄槍，纏捉往裏莫留停，
黃龍點杆人難躲，花槍群欄下無情，
回頭按下地蛇槍，沖天直刷往前攻，
搖旗掃地朝天槍，再掃又下鐵牛耕，
回頭滴水用提顛，拗步上去刺青龍，
撥草尋蛇君復志，白猿設計用拖刀，
回來烏龍方入洞，青龍轉角實難攻，
琵琶勢鈎搠進挫，高擎串紮勢難停，
瞞天略地快如風，靈貓捉鼠左右撲，
轉身刺下又回頭，用鑽倒打人難避，
順手往前又紮去，舞花擔山反背弓，
泰山壓卵先立定，急演下紮認針勢，
蒼龍擺尾左右掃，電轉星飛直掩去，
回頭捽地往前攻，拋槍去闖鴻門勢，
舞花擔山掃一槍，忙又按下六封勢，
花槍慢把膝來護，回頭一掃真無對，
回身急把鵪鶉掩，撥草尋蛇人難拒，
轉身殺下往前走，低掩一槍直紮去，

太公釣魚往下按，後退絜下誰敢戲，

若問此槍名和姓，楊家花槍二十四。

傳統陳式太極拳推手

　　傳統陳式太極拳推手練習方法較為全面，且和拳法練習結合非常緊密。其重視螺旋纏絲勁的運用以走化來勁，在不丟不頂的基礎上隨時結合鎖拿纏擰之法，是自成體系的一套太極拳懂勁練習法門。

　　傳統陳式太極拳推手套子分單推手和雙推手，兩者又有各自一系列的練習方法。除了推手套子，還有一些靈活的聽勁練法，綜合運用太極十三勢，以擒拿摔跌為表現，使雙方在不丟不頂的原則下互相轉化順背之勢，以印證在太極拳法練習中的體會。

單推手

定步單推手

　　這是傳統太極拳套路中起勢四正手在受力狀態下的應用練習。在掤勁不丟的基礎上，由掩肘轉腰，擠勁和捋勁的轉換，借助手臂纏絲擰轉和角度變化，以暗藏的反關節鎖拿和自身重心變化，化去對方直推下按之勁，並化背勢為順勢，反過來推按對方。對方同樣不丟不頂，用纏絲螺旋之法轉化。

　　此法和常見的平圓或立圓轉化法完全不同，轉化用的是空間立體的螺旋運動，以身體和手臂的蟒翻之勢化解來力並反擊，其勁路和動作路線與套路練習基本一致，可以有針對性的矯正套路練習時的偏差和錯誤。

定步單推手

活步單推手

在定步單推手的基礎上，一方在化去對方之勁後進步用另一手直取對方頭面，對方順勢退步，同時亦出另一手以護中門，與對方兩手相接，成另一邊的單推手勢。然後雙方攻守易勢，反覆練習，成單推手進一退一練法。

此勢亦可變化為一方連進三步而對方連退三步後，接住手走定步單推，然後攻守易勢。

如此反覆，即成活步單推進三退三練法，其中含有散手的中路連續攻防進退之法。

雙推手

合步四正法

與常見的四正手練習相同，雙方同以右腿在前，或同以左腿在前。

兩臂相接，一方以掤、擠、捋、按，對應另一方捋、按、掤、擠，圓轉進退，往復循環。左右側轉換和進退步法，皆以不丟不頂為度。

傳統陳式順步定步雙推手

兩人對面站立，一方出右腿，另一方出左腿，以順步法對立。一方右手拿住對方右手，以左臂看住對方右肘，右手纏絲勁逆纏擒拿對方腕關節。另一方以左手拿住對方

合步雙推手

左手並逆纏令其左臂上抬，以解右臂之危。

以此為始，雙方以絲絲入扣之法相互纏拿，四正四隅靈活變化而衍太極拳生生不息之理，此為陳式太極拳特有的推手練法。

網上曾流傳一套我師爺陳照奎的有關推手的黑白照片，其中有幾張即為此順步推手法。

傳統陳式推手順步大将

在順步推手過程中，若一方肘部出尖被拿，可隨即順對方勁路沉肩墜肘，進身擠靠，至對方拿勢已盡，變上托同時撤步反拿，此時即變為另一側的順步雙推手。

轉腳步推手

在傳統陳式太極拳順步推手基礎上，如果一方被擒拿上臂無法用身法解脫，即可用步法結合身法化解，此時另一方亦會用步法隨上，即成轉腳步活步推手法。

師爺陳照奎演示傳統
陳式太極拳順步推手

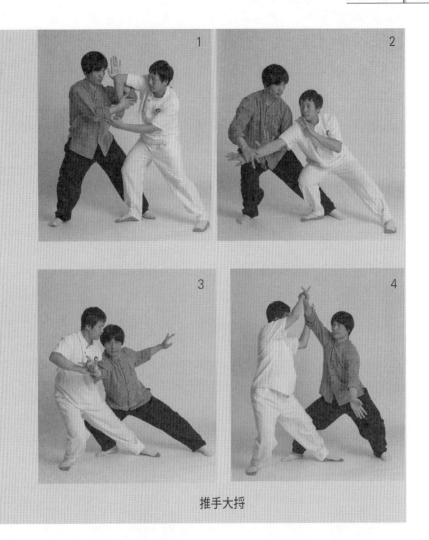

推手大捋

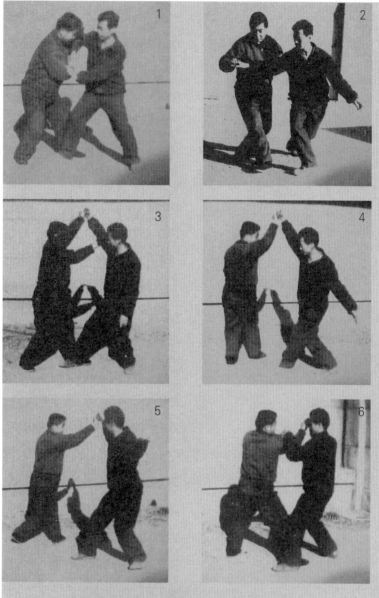

師爺陳照奎演示傳統陳式太極拳轉腳步推手

歡迎至本公司購買書籍

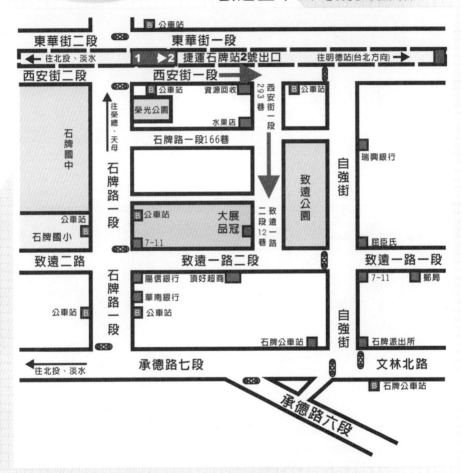

建議路線

1. 搭乘捷運、公車

　　淡水線石牌站下車，由石牌捷運站2號出口出站(出站後靠右邊)，沿著捷運高架往台北方向走(往明德站方向)，其街名為西安街，約走100公尺(勿超過紅綠燈)，由西安街一段293巷進來(巷口有一公車站牌，站名為自強街口)，本公司位於致遠公園對面。搭公車者請於石牌站(石牌派出所)下車，走進自強街，遇致遠路口左轉，右手邊第一條巷子即為本社位置。

2. 自行開車或騎車

　　由承德路接石牌路，看到陽信銀行右轉，此條即為致遠一路二段，在遇到自強街(紅綠燈)前的巷子(致遠公園)左轉，即可看到本公司招牌。

國家圖書館出版品預行編目資料

太極拳理法與勢法——輕敲太極門／萬周迎　著
——初版，——臺北市，大展，2020〔民109.03〕
面；21公分 ——（武學釋典；39）
ISBN 978－986－346－288－0（平裝）

1.太極拳

528.972　　　　　　　　　　　　　　　108023171

太極拳理法與勢法——輕敲太極門

著　　者／萬周迎
責任編輯／苑博洋
發 行 人／蔡森明
出 版 者／大展出版社有限公司
社　　址／台北市北投區（石牌）致遠一路2段12巷1號
電　　話／（02）28236031・28236033・28233123
傳　　眞／（02）28272069
郵政劃撥／01669551
網　　址／www.dah-jaan.com.tw
E - mail ／ service@dah-jaan.com.tw
登 記 證／局版臺業字第2171號
承 印 者／傳興印刷有限公司
裝　　訂／佳昇興業有限公司
排 版 者／弘益電腦排版有限公司
授 權 者／北京科學技術出版社
初版1刷／2020年（民109）3月

定 價／450元